C=O
NH2
CH3-CH2-CH2-CH3
NO2
2Al(OH)3 → Al2O3 + 3H2O
CH3-COO
CN
CN
CH3C=O
NH2

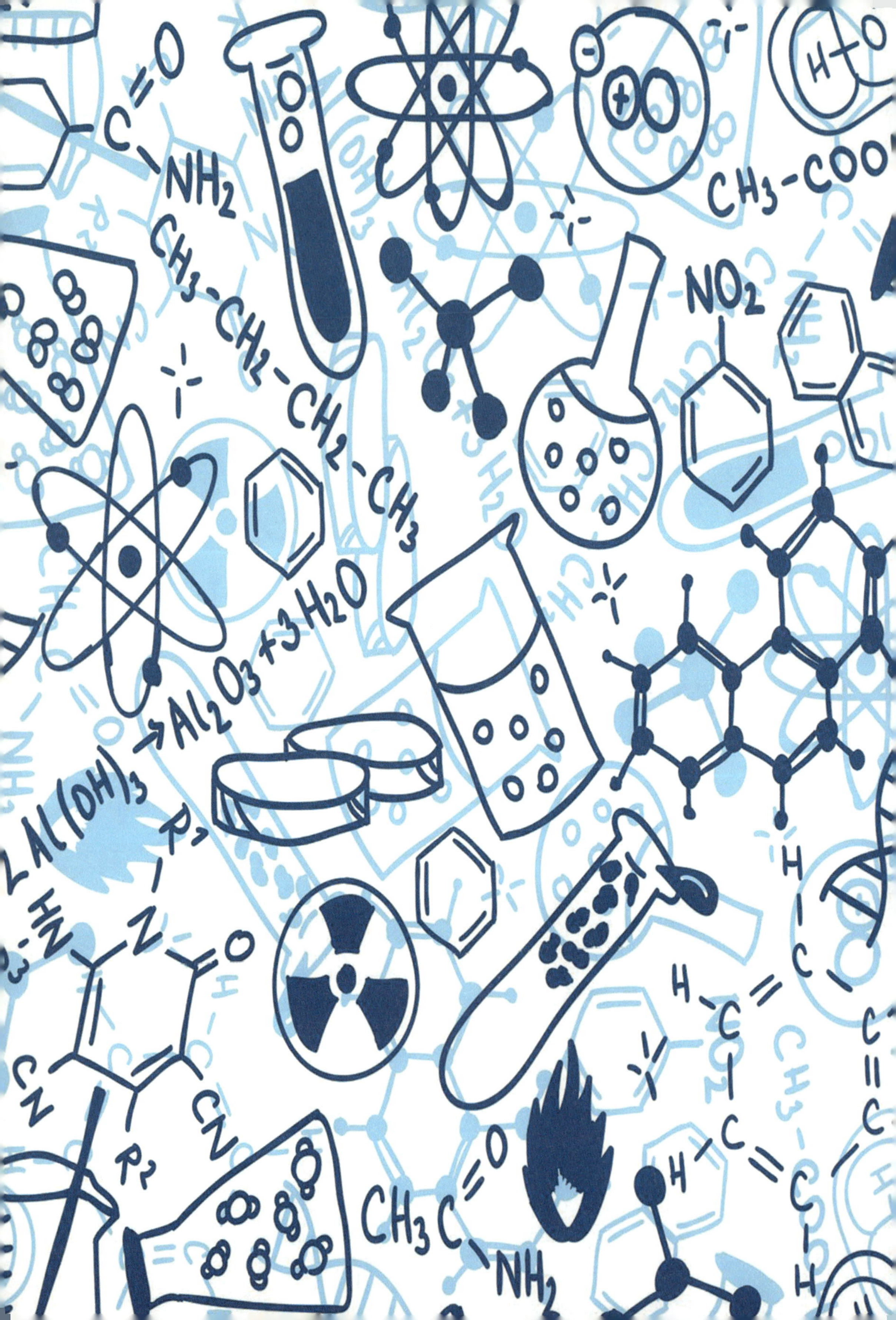
C=O
NH2
CH3-CH2-CH2-CH3
CH3-COO
NO2
2Al(OH)3→Al2O3+3H2O
R1
HN
N
O
CN
CN
R2
CH3C=O
NH2
H
C
H
C
C
H
C
H

숨 쉬고 싶은 지구

대한과학진흥회 엮음

스완미디어
SWAN MEDIA

책 머리에

오늘날 우리들은 고도로 발달된 과학 문명의 혜택 속에 살고 있습니다.

우리의 선진 조국 창조를 위해 무엇보다 중요한 것이 과학 기술의 개발입니다. 특히 자원이 부족한 우리나라에서 가꾸어야 할 유일한 자원은 과학 기술로 무장한 풍부한 인력 자원입니다.

대한 과학 진흥회에서는 배우는 학생들을 위해 사물을 깊이 관찰하는 습관과 합리적이고 창의적인 과학적 사고를 심어 주기 위한 방법의 하나로 과학 문고를 엮어 내고 있습니다.

과학 문고를 펴냄에 있어서 딱딱한 과학지식을 그림을 곁들여 쉽고 재미있게 이야기로 풀어 써서 학생들이 스스로 원리를 발견하고 재미를 느끼게 함으로써 과학의 여러 분야에 대하여 흥미를 갖고 접근할 수 있도록 하였습니다.

이 책과 더불어 많은 학생들이 과학에 깊은 관심을 갖고 탐구심과 창의력을 기르며 과학을 생활화 할 줄 아는 사람이 되는데 많은 도움이 되었으면 하고 바라는 마음 간절합니다.

기획편찬 **대한과학진흥회**

차례

환경과 공해_ 10
환경이란 무엇인가?_ 10
공해란 무엇인가?_ 17
보상받을 수 없는 최악의 상태_ 20

환경의 변화_ 28
생태계의 파괴_ 28
환경오염도 측정_ 41

환경오염의 상황_ 52
수질오염_ 52
대기오염_ 60
런던스모그사건_ 63
서울의 스모그_ 68
산성비_ 69
소음공해_ 71
토양오염_ 74
쓰레기공해_ 76
온실효과와 오존층파괴_ 82
농약에 의한 오염_ 85
인스턴트 식품과 식품첨가물_ 93
핵폐기물_ 100

환경오염으로 인한 질병_ 112
직업병이란 무엇인가?_ 112
미나마타병_ 119
아시오광독 사건_ 125
체르노빌 대참사_ 126
온산지역의 공해병_ 130
인도 보팔 참사_ 134

환경 보호 대책_ 140
쓰레기 줄이기_ 144
일회용품 사용금지_ 149
합성세제 덜 쓰기_ 153
환경교육_ 156

환경과 공해

환경이란 무엇인가?

우리는 '그 사람은 자라온 환경이 안 좋았어.' 라든가 '환경이 나빴어.' 라는 말을 흔히 씁니다.

물론 이 경우에는 자연적 환경이 아니라 사회적 환경을 뜻하는 말이지만 사람에게 있어 주위 환경이 얼마만큼 중요한가를 가리키는 말이기도 합니다.

환경이란 생물체에게 영향을 끼치는 모든 자연 조건을 의미합니다.

이 지구 위에 녹색식물이 등장한 이후로도 약 3억 년이 지나서야 땅 위와 바다 속에서는 지금의지구와 거의 비슷한 환경으로 변화되었습니다. 각기 다른 모습의 생물들은 서로에게 필요한 존재로 생활하게 되었습니다.

특징에 맞는 생활을 하다 보니 많은 종류의 생물들에 의해서 더욱 많은 생명체가 싹트게 되었고, 이로 인하여 상호보완적인 지구 환경이 만들어지게 된 것입니다.

인간의 환경은 숲과 호수, 바다와 같은 자연 환경이 있고 도로나 주택과 같은 생활에 필요한 것을 인간 스스로 만들어가는 인공적인 환경이 있습니다.

우리가 항상 마시는 물과 공기, 생활의 터전이 되는 땅과 나무, 숲, 꽃, 강과 바다 등 모두 하나라도 없어서는 안 되는 소중한 것들입니다.

왜냐하면 자연의 하나 하나는 매우 밀접한 관계를 가지고 서로서로 도우며 살아나가기 때문입니다.

예를 들면 식물은 빛에너지를 이용하여 섭취한 물과 이산화탄소를 탄소화합물로 바꾸며, 동물은 이 식물을 섭취하여 신체에 필요한 물질을 만들거나 활동하는 힘을 얻고 그 과정 속에서 찌꺼기로 물과 이산화탄소로 재분해를 합니다.

이러한 동물의 배설물이나 부패물은 미생물에 의해 다시 무기물로 분해되어 식물이 섭취하게 되는 것입니다.

이처럼 자연의 수많은 생물 종류 사이에는 각양 각색의 물질을 서로 주고받으며 복잡하게 얽혀 서로 돕거나 싸우면서 전체적인 균형과 질서를 지켜 나가고 있습니다.

이러한 과정을 생명체의 순환과정이라고 하는데 사람도 이러한 순환과정을 해 나가는 자연의 일부이기 때문에 자연의 하나하나와 끊임없이 서로 작용해 나가는 것입니다.

현대처럼 과학 기술이 눈부시게 발달하기 전만해도 자연은 아름다울 뿐만 아니라 사람에게 아낌없이 유익한 것

들을 베풀어 주었습니다.

눈부신 햇살, 맑고 깨끗한 물, 투명한 공기, 싱싱한 채소와 과일, 풀밭, 자연을 촉촉이 적셔 주는 비…

그러나 지금 우리 주위 자연을 돌아보면 과연 어떨까요?

산성비, 오염된 수돗물, 농약 묻은 채소와 과일, 인스턴트 식품의 해로운 식품 첨가제, 강은 오염되어 새와 물고기들은 떼죽음을 당하고 있으며, 해양오염, 오존층 파괴,

지구 온실화 현상 등 우리가 살고 있는 이 지구의 땅, 물, 공기가 온통 병들어 있거나 썩어가고 있는 것을 볼 수 있습니다.

이것은 곧 자연의 일부인 우리 인간도 그만큼 병들어 있거나 죽어가고 있다는 말이나 다름없습니다.

보다 편리하고 행복해지기 위하여 인간은 과학문명을 계속 발전시켜 왔지만 그 과정 속에서 분별없이 자연을 파괴하고 훼손시켰기 때문에 이제 그 엄청난 대가를 치르게 된 것입니다.

즉, 우리의 환경인 자연의 파괴는 자연의 일부인 인간 스스로를 파괴한 꼴이 된 것이지요.

과학 기술의 발달만이 우리 인류의 삶을 풍요롭고 행복하게 해 줄 수 있다는 믿음 때문에 이러한 불행을 자초한 것이지요.

환경은 그 시대의 사람들이 생활하는 방식에 따라서 함께 변화되어 갑니다.

농경사회의 환경과 현대 고도 산업사회의 환경 사이에는 커다란 차이가 있음을 알 수 있습니다.

자연의 힘에 전적으로 의존했던 수렵시대나 농업시대의 사람들은 자연에 대해 늘 경외심과 감사한 마음을 갖고 자연을 소중히 여기며 살았습니다.

그 시대의 생활은 자신을 둘러싼 환경과 조화를 이루면서 자연법칙에 따라 주어진 조건에 적응하는 생활이었습니다.

그러나 사람들은 점차 자연을 사람에게 유용하게 바꾸는 수단인 노동을 통해 이제까지의 자연법칙에 순응하며 생활하는 관계를 버리고 자연을 개조하고 재창조하는 적극적인 관계로 만들었습니다.

그것은 산업시대로 넘어와 자연환경의 급속한 개조와 창조적 이용으로 발전하여 이제까지의 생태학적 물질순환에 결정적인 변화를 가져왔습니다.

또한 석탄과 석유를 에너지로 삼은 산업혁명은 자연의 질서에 커다란 불균형을 가져 오게 되었습니다.

도시에서의 대규모 생산활동은 인공적인 합성물질이나 유해물질을 만들어 내게 되어 더욱 자연을 훼손시키게 되었습니다.

현대에 이르러 과학 기술은 눈부시게 발달하였으나 사람들은 더 이상 행복해 하지 않게 되었습니다. 과학은 인류의 앞날을 밝게 해 주지 못한다는 것이 서서히 밝혀졌기 때문입니다.

과학 기술의 발달이 생활을 편리하게 해 주고 사람들의 많은 문제들을 해결해 주긴 하였지만 반면에 그 편리한 생활의 대가를 치르게 된 것입니다.

과학 기술의 발달이 인간의 생활에 많은 편리함의 혜택을 누리게 해 주었지만 환경의 오염에 커다란 몫을 했다는 것은 무척 안타까운 일이 아닐 수 없습니다.

이제 이 모든 환경은 우리의 손으로 다시 병들기 이전의 모습으로 되돌려 놓아야 합니다. 그러기 위해서는 왜 그런 일이 일어나게 됐는지 앞으로 우리가 어떻게 해야 하는지 그 근본적인 방법을 연구 검토해 봐야 되겠습니다.

공해란 무엇인가

인간들이 발명하여 발전시켜 온 과학 기술의 좋지 않은 소산물을 통틀어 공해라고 합니다.

과학의 발달로 인간은 생활이 편리하고 풍요로워졌습니다.

특히 고도로 성장한 경제와 산업발전이 인류에게 안겨준 혜택은 놀라운 것입니다. 그러나 경제발전에 따른 공업화와 도시화는 '공해'라는 문제를 안겨 주었습니다. 이러한 현상은 한두 나라뿐만 아니라 세계 전체에 널리 퍼져 있습니다.

우리 나라에서 공해라는 말이 처음 등장한 것은 1960년대 초입니다.

1963년에 만들어진 공해방지법에서는 공해를 이렇게 정의하였습니다.

일정할 배출 시설에서 나오는 먼지. 악취 및 가스 등으로 인한 대기오염.

배출 시설에서 나오는 화학적, 물리학적, 생물학적 요인으로 인한 수질오염.

소음, 진동으로 인하여 발생되는 국민의 건강에 미치는 해로움과 생활환경을 저해하는 모든 것.

공해의 영향은 무척 넓은 범위에서 나타납니다. 산업화에 따라 나타난 수질오염, 대기오염, 소음은 물론 방사선오염, 중금속오염, 화학물질오염 등 그 종류는 헤아릴 수 없을 만큼 다양합니다. 이제는 먹는 것에도 오염을 걱정하는 시대입니다.

우리 나라는 언제부터 공해에 관해 걱정을 하였을까요?

해방이후까지 우리 나라는 식량난에 허덕였습니다. 봄만 되면 먹을 것이 없어서 가난에 허덕이고 굶어서 죽는 비참함에서 벗어나고자 1960년대 초반부터 경제개발 우선 정책을 추진하게 되었습니다.

경제개발정책으로 우리 나라 곳곳에는 공장이 들어서게 되었으며 생활도 조금씩 풍족해졌습니다.

생활이 풍족해지기는 하였지만 공장에서 내뿜어 대는 연기와 폐수 등으로 인해 공장 주변을 비롯해서 공장이

먼지, 악취, 가스등으로
대기오염
쓰레기
공해
화학적, 물리학적
생물학적 요인으로 인한수
질오염
세제

없는 곳까지 공해가 심해졌습니다.

한때 공장의 굴뚝이 근대화의 상징이었던 때도 있었지만 이제는 공해의 주범이 되어버렸습니다.

보상받을 수 없는 최악의 상태

공해로 인한 피해는 사람의 건강에 심각한 피해를 줍니다. 건강의 피해는 보상받을 길이 없는 최악의 피해입니다.

공장에서 배출하는 유독가스와 먼지는 호흡기를 통하여 사람의 몸속으로 들어가서 이상을 일으킵니다.

공장폐수로 인하여 오염된 해양 하천을 보셨습니까? 이곳 역시 인체와의 직접적인 접촉이나 오염물의 먹이 연쇄를 통해서 인간의 몸에 피해를 줍니다.

공단 주변은 농작물 피해, 양식업 피해, 수산자원의 상실, 주민 건강의 돌이킬 수 없는 피해 등으로 더 이상 사람이 살 수 없는 죽은 땅이 되어가고 있습니다.

자연환경과는 달리 도시환경은 거의 대부분이 인간이 활동하기 편리하게 만들어 놓았습니다. 따라서 도시에는 인공적인 부분이 많으며 사회 발전과 함께 그 크기도 점점 거대해지고 있습니다.

도시의 형태는 나라마다 차이가 있으며 경제개발 과정이나 경제정책과 밀접하게 관련되어 있습니다. 우리 나라에서의 도시화는 공업화와 함께 이루어졌습니다.

공업단지가 주로 해안가에서 이루어짐에 따라 도시는 금융, 경제, 문화, 정보, 교육 등의 중심지 역할을 떠맡게

되었습니다. 그러므로 도시에서 발생되는 공해는 생산시설로 인한 것보다는 도시민의 소비에 의한 것이 더 커지고 있음을 알 수 있습니다.

도시의 공해는 그 피해의 규모가 대단히 광범위합니다. 그러므로 모든 도시민이 피해자가 될 수 있고 그 원인도 도시민 스스로의 소비과정에서 일어나는 경우가 많습니다. 즉 시민 스스로가 피해를 서로 주고받는 셈입니다.

도시의 공해에 대한 문제는 시민의 생활환경, 건강, 재산 등의 해로움이나 손실을 일으키는 것으로 사람들 스스로가 만들어 놓은 재해입니다.

이제 그런 재해들을 살펴보도록 하겠습니다.

- 공장, 상업용 시설, 주택 등의 난방이나 자동차 의 배기가스 등으로 인한 대기오염
- 공장폐수로 인한 수질오염
- 비행기, 자동차 등의 소음공해
- 쓰레기 처리에 의한 쓰레기오염

공해의 범위는 이처럼 넓고 복잡하게 서로 얽혀 있음을 알 수 있습니다.

이것에 교통과 주택문제 등은 또 다른 도시 문제를 만드는 것입니다.

살아가고 있는 환경은 사람들의 건강에 직접적으로 영향을 미칩니다. 우리는 날마다 평균 1.4㎏의 음식을 먹고 2~3ℓ 의 물과 공기를 마십니다. 따라서 공해가 심해질수록 여러 가지 경로를 통하여 독성이 있는 물질에 노출되기 쉬우며 이로 인하여 질병에 걸리고 있습니다.

우리는 쾌적한 환경에서 살 권리가 있습니다. 그러나 오늘날에 와서는 말로만 그치고 있는 실정입니다.

왜냐하면 우리가 살고 있는 환경의 질을 고쳐 나갈 수 있는 구체적인 방법들이 악화되어가는 환경에 따라가지 못하기 때문입니다.

건강이란 무엇일까요? 건강한 모습은 단지 허약하지 않거나 병이 없다는 것뿐만 아니라 몸과 마음 그리고 사회적으로 평안한 상태이어야 합니다.

그러나 공해는 물질적 풍요로는 보상할 수 없는 건강의 피해를 가져다 줍니다.

우리가 숨쉬고 있는 공기는 먼지와 아황산가스로 가득하고, 음식에는 농약의 찌꺼기와 중금속이 있습니다. 또한 항상 마시고 있는 수돗물에는 대장균과 발암성 물질이 있습니다.

이렇듯 인간의 삶은 사회 구석구석에서 위협받고 있습

니다.

특히 공해로 인한 병은 약한 사람에게서 먼저 발생하기 때문에 노인이나 유아, 다른 질병으로 허약한 상태에 있는 사람, 주위 환경이 지저분한 빈민가의 사람들에게서 먼저 그 피해가 나타나고 있습니다.

공해로 인하여 발생한 병은 그 공해물질에 따라 다양한 증상을 나타내므로 의학적 경험과 연구가 미비한 상황에서는 어려움이 따르고 시간이 많이 걸립니다. 그러는 사이에 피해는 더욱 늘어가는 것입니다.

공해는 그 원인 물질에 노출되어도 증상이 바로나타나지 않습니다. 대부분 수 년에서 수십 년 동안 조금씩 쌓여서 병으로 나타나는 것입니다. 그리고 일단 병에 걸리면 치료가 어렵고 돌이킬 수 없는 것이 됩니다. 어느 정도 병의 진행을 막을 수는 있어도 완전히 회복되는 경우는 드물다고 합니다.

공해로 인한 피해를 막기 위해서는 어떤 방법이 있을까 생각해 보셨습니까?

우선 오염을 발생시키는 원인을 완전히 없애야 하겠지요. 그러나 현재로서는 산업 활동의 과정에 완벽한 방지 시설이 없는 한 거의 불가능한 일입니다.

따라서 병에 걸리지 않도록 예방 대책을 세워야 합니다. 그렇게 하기 위해서는 위험이 뒤따르는 물질을 구별하여 환경기준을 정해 두어야 합니다. 이 기준치는 나라마다 차이가 있으나 선진국일수록 엄격해지는 경향이 있습니다.

한국의 대기 중 아황산가스의 농도는 0.05(PPM ; 피피엠)을 넘어서면 안 되지만 일본은 0.04피피엠입니다. 미국은 1차 기준선은 0.03피피엠, 2차 기준선은 0.02피피엠으로 정하고 있습니다. 그러나 이러한 기준선이 건강하고 쾌적한 생활을 모두 보장하고 책임지는 것은 아닙니다.

공해의 피해는 어떨까요?

공해의 피해는 사람마다 다르게 타나나며 노출되는 시간과 방식에 따라서도 차이가 있습니다. 따라서 건강에 전혀 해가 없다는 기준은 있을 수 없습니다.

공해 때문에 생기는 병에 대하여 미리 관심을 갖고 주민들의 교육이 이루어져야 하며 우리들도 우리의 생활 주위에서 공해를 줄이는 방법을 찾아 그 방법을 실천하여 생활환경을 깨끗하게 가꾸어나가야 하겠습니다.

숨쉬고 싶은 지구

(인간에 의한 아랄해의 파괴)

아랄해:
카스피해(海) 동쪽의 기후가 매우 건조한 중앙아시아 중심부에 있다. 이전에는 세계에서 4번째로 큰 내해(內海)로서 1960년 면적 6만 8000km2,깊이 2,0~25m였으나, 1987년에는 면적이 40%나 줄어든 4만 1000km2이고 수위도 12m 이상 내려간 것으로 나타나 과학자들의 관심이 높아졌다. 이러한 변화가 일어난 것은 관개를 위해 주요 수원(水源)인 시르다리야강(江)과 아무다리야강의 물길을 돌렸기 때문이다. 남북 최장길이 약 430km, 동서 너비 약 290km, 평균수심은 16m 정도인데, 서해안 쪽은 최고수심 69m이다.

아랄해라는 이름은 '섬들의 바다'라는 뜻인 키르기스 아랄덴기스에서 유래되었는데, 실제로 면적 1 ha 정도의 섬들이 1,000개 이상 호수에 흩어져 있다. 1960년경부터 소련 정부는 아무다리야강 시르다리야강의 물을 이용하여 우즈베키스탄 카자흐스탄 투르크메니스탄 등지의 광대한 땅을 관개농지로 바꾸었다. 이로 인해 아랄해로 흘러드는 강물의 양이 대폭 줄어, 호수의 물은 염분과 광물질 함유량이 급속히 늘어나 음료수로 사용할 수 없게 되고, 예전에 풍부했던 철갑상어 잉어 유럽잉어 등의 어류가 멸종 위기에 놓여 연안어업은 폐업상태가 되었다.

반기문 유엔 사무총장께서도 이 곳 아랄해의 문제 심각성을 깨달으시고 아랄해에 직접 방문을 하셔서 둘러보고 가셨다고 합니다.

이 곳의 물고기들은 32종에서 6종으로 종류가 급감하게 되었으며 60년대에 연 4만 톤에 이르던 어획량은 06년 20톤으로 엄청나게 급감을 하게 되었다고 합니다.

이렇게 변해버린 아랄해에 대한 문제는 정말 전 지구 모두의 책임이 따라야 한다고 생각이 됩니다. 전 세계 어느나라이던 지금의 환경문제가 너무나 심각하게 되었다고 하는데요. 2020년 아랄해가 지구상에서 모두 사라져 버린다고 하니 이러한 문제를 막기 위해서라도 모두가 힘을 모아야 할 때라고 생각이 됩니다.

환경의 변화

생태계의 파괴

일정한 생물의 무리와 그 환경을 합친 체계를 합쳐서 생태계라고 합니다.

이것은 그 생물체와 환경이 서로 밀접한 순환 과정을 통하여 함께 살아가는 관계가 유지되기 때문입니다.

그렇기 때문에 생태계라는 것은 그 살고 있는 환경과 떨어질래야 떨어질 수 없는 밀접한 관계를 맺고 있습니다.

생태계는 계속 움직여나가고 있습니다.

생물의 한 무리가 시간이 경과됨에 따라 그 생물과 환경이 함께 변화해 가는 것입니다. 생태계의 이러한 움직임을 '천이' 라고 하는데 이것은 생태계 스스로의 자연스러

〈생태계 직접적 파괴〉

운 움직임입니다.

예를 들어 넓은 초원에 침엽수 씨앗이 날아와 싹트고 자라 마침내 넓은 초원이 온통 침엽수림으로 바뀌는 현상이지요.

그런데 생물계가 자연스럽게 '천이' 되는 것이 아니라 갑자기 변하는 경우가 있습니다. 생태계의 어느 한 요소가 갑자기 파괴되었기 때문입니다. 그 과정을 함께 살펴보기로 합시다.

어느 시골에 작은 숲이 있었는데, 그 숲 속에는 여러 종류의 새들이 살았습니다. 참새를 비롯한 작은 새들은 숲을 하루에 200~300 번을 왔다갔다하며 한 번에 다섯 마리 정도의 벌레를 잡아다가 새끼에게 먹였습니다.

작은 새들의 먹이는 대부분 삼림에 피해를 주는 나방의 애벌레나 잎벌레 나방과 거미류 등이었습니다.

그런데 욕심 많은 포수가 숲 속의 작은 새들을 모두 잡아버렸습니다.

그러자 얼마 후 숲의 나무는 천천히 말라 죽고 말았습니다.

왜 이런 현상이 나타났을까요?

그 이유는 숲에 새들이 없어져서 벌레가 너무 많아졌기

때문입니다.

일반적으로 나방의 경우 성충(어른 벌레)이 되는 것은 슬어 놓은 알이 1퍼센트에 불과하다고 합니다. 왜냐하면 자라기도 전에 애벌레 때 작은 새들의 먹이가 되기 때문입니다.

그러므로 새들이 애벌레를 잡아먹지 않으면 그대로 어른 벌레로 성장하여 숲의 나무를 갉아먹습니다. 이렇게 해서 마침내 숲이라는 생태계가가 파괴되는 것입니다.

포수는 새를 잡은 죄밖에 없는데 결국 숲 전체가 파괴되고 만 것이지요.

이렇듯 생태계는 서로 밀접하게 연관이 되어 있기 때문에 그 가운데 한 생물 무리가 너무 줄어들거나 불어나도 그 영향은 생태계 전체에 미치게 됩니다.

생태계의 파괴는 나무를 모두 베어버린다거나 동물을 잡는 방법으로 생물에게 직접적인 피해를 주는 경우도 있지만 대기오염, 수질오염, 토양오염, 건조, 과습, 소음 등에 의해 간접적으로 작용하여 파괴되는 경우도 있습니다.

그 가운데에는 아예 멸종되어 지구상에서 사라져가는 동•식물도 있습니다.

환경오염은 사람만이 시달리고 괴로움을 당하는 것이 아닙니다. 동식물을 비롯한 자연 생태계도 환경오염의 피해를 받고 있습니다.

지금 우리 나라의 강과 하천은 대부분 수질오염으로 물고기들이 기형으로 변하거나 죽어가고 있습니다.

10여년전 낙동강 하구의 철새 도래지인 을숙도에는 철새들이 급격히 줄어들고 있다고 합니다. 또한 우리 나라 하천에 살고 있는 104종류의 물고기 중에서 수질오염에 약한 미유기, 얼음치 등 12종의 물고기는 이미 멸종되었

습니다.

대기오염으로 인한 식물의 피해도 마찬가지입니다. 대기오염으로 침엽수와 선태류 등의 식물이 수난을 겪고 있습니다. 대도시의 가로에 있는 침엽수는 성장을 하지 못하고 말라 죽어가며 공단주변의 활엽수는 병에 걸려서 여

름인데도 낙엽이 지는 현상을 쉽게 볼 수 있습니다.

요즘 들어 자연을 찾는 사람들의 수가 많아지면서 자연도 본래의 모습을 잃어가고 있습니다. 우리의 아름다운 하늘, 강, 땅이 환경오염으로 병들어가고 있습니다. 또한 이 속에서 살고 있는 생명체들도 환경오염의 피해를 입고 있습니다.

희귀 동•식물의 훼손은 또 얼마나 심할까요?

국립공원 설악산의 경우입니다.

등산로가 새로 만들어짐으로써 등산객과 행락객에 의하여 희귀식물과 나뭇가지가 부러지는 등 수난을 당하고 있습니다. 눈잣나무를 비롯하여, 털진달래, 마가목 등 희귀식물들이 등산객들에 의해 가지가 꺾이고 짓밟히는 사례가 늘어가고 있습니다.

등산로가 넓어짐에 따라서 등산로 주변의 자생력(스스로 자라나는 힘)이 약한 단풍취, 세잎돌쩌귀 등의 식물도 사라져가고 있습니다. 자생력이 강한 억새, 대사초 등만이 살아남아서 주변의 생태계가 점점 바뀌어가고 있습니다.

설악산에서 가장 훼손이 심했던 곳은 중청봉과 대청봉 그리고 정상부근에 있는 눈잣나무 자생지라고 합니다.

특히 대청봉 정상부근 3천여 평의 눈잣나무 자생지는 $\frac{1}{3}$ 이상이 크게 훼손되었고 70~80여 그루의 눈잣나무 가지들도 모두 부러졌다고 합니다. 등산로가 새로 만들어지면서 하루 수백 명 이상의 등산객과 행락객들이 드나들면서 사진을 찍고 가지를 꺾었기 때문입니다.

눈잣나무는 키높이 20~30센티미터에 줄기가 파란색이며 뿌리가 잔디식으로 뻗어나는 해발 1,000미터 이상의 높은 지대에서만 자라는 식물로 설악산에서만 발견되는 희귀식물입니다.

눈잣나무 자생지 부근의 털진달래 군락지도 등산객들의 발길에 마구 밟혀서 크게 훼손되고 있습니다.

이밖에도 무좀의 특효약으로 알려진 민병초와 신경통에 좋다는 마가목, 관상수로 유명한 주목 등 높은 지대에서 자라는 희귀식물도 등산객들이 채취해가는 바람에 멸종 상태에 놓여 있습니다. 행운의 상징인 에델바이스도 이미 설악산 공룡능선을 제외한 나머지 지역에서는 거의 멸종된 상태입니다.

이러한 멸종위기에 있는 희귀식물을 보호하기 위해서 정부에서는 자연 생태계 보전 지역을 지정하기에 이르렀습니다.

세계적으로 하나밖에 없는 금강초롱의 군락지인 강원도 양구군의 대암산 용늪 일대는 자연 생태계 보전 지역으로 지정된 곳입니다.

이 일대는 특이한 고층 습도 지역으로 북방계 식물 및 희귀야생식물들이 떼를 이루어 자생하고 있습니다.

세계에서 1속 1과 1변이종밖에 없는 금강초롱은 우리 나라 금강산에서만 자란다고 해서 금강초롱이란 이름이 붙었습니다.

이 지역에는 희귀야생식물인 둥근 이질풀과 각시취 등이 금강초롱과 섞여서 많은 양으로 자라고 있으며 습원지역의 특유식물인 물이끼, 끈끈이주걱, 북통발 등도 많이 살고 있습니다.

야생식물의 군락지인 이 용늪에 사람의 발길이 닿을 경우 2미터의 탄층 중 20센티미터가 파손되는데, 이 파손된 부분이 회복되는 데는 약 200년의 시간이 걸린다고 합니다.

해양 생태계의 위기도 매우 심각합니다.

인류는 오랫동안 인간 활동의 찌꺼기를 바다에 무심히 흘리면서 살아 왔습니다.

그리고 바다는 그 넓은 모습만큼이나 관대하게 인류의

찌꺼기를 묵묵히 받아들였습니다.

바다는 오염물질의 독성을 약하게 하고 스스로 분해도 하는데 어느 정도의 오염물질은 바다의 정화작용에 도움이 되기도 하고 해양 생물의 양분도 되었습니다.

그러나 인간의 생활이 점점 더 편리하게 발달할수록 바다에는 너무 많은 산업물의 찌꺼기와 쓰레기가 흘러들어 바다의 능력에 한계가 나타나게 되었습니다. 이제는 해양 생태계도 큰 위기에 처하게 되었습니다.

해양의 생태계는 식물성 플랑크톤을 기본 양식으로 합니다. 이 플랑크톤들은 연•근해에 집중적으로 모여 있습니다.

연•근해는 육지로부터 흘러들어오는 물질이 많이 있으므로 플랑크톤은 그 속에서 양분을 얻어 광합성을 하면서 생존합니다.

그러나 요즈음의 연•근해는 산업물질의 찌꺼기가 총집합하는 곳입니다. 그래서 오염도가 가장 높은 곳이기도 합니다.

오염물질의 대부분은 중금속•기름•유기물질 등 다양합니다. 이런 물질은 해양 생태계에 막대한 영향을 끼칩니다.

바다에 흘러들어온 기름은 바닷물 표면에 기름막을 형성해서 공기 중의 산소가 바닷물에 녹아드는 것을 방해합니다. 또한 태양광선이 바닷속으로 들어오지 못하게 합니다.

산소와 태양광선의 부족은 광합성에 영향을 주고 바닷물의 수분증발을 막아서 온도를 상승시키는 결과를 가져옵니다. 이렇게 되면 플랑크톤을 먹이로 삼는 많은 물고기가 굶어 죽게 됩니다.

기름의 양이 많을 때는 그 기름이 어패류의 아가미를 덮어서 호흡곤란으로 죽게 되고 죽은 바닷새들과 같은 결과가 생기게 됩니다. 바닷새들의 죽음은 기름 속의 페놀성분, 벤젠, 톨루엔 등의 독성으로 인한 것입니다.

이런 성분들은 먹이사슬로 인해 사람이 먹게 되는데 따라서 인체의 건강에도 상당히 나쁜 영향을 미치게 됩니다.

바다에는 이런 해양오염으로 생태계에 위기가 닥치지만 숲 속에는 너무 많은 동물 사냥으로 생물들이 멸종위기에 처하기도 합니다.

미국의 경우는 코끼리의 상아제품을 비롯한 야생동물로 만든 상품을 사지 않는 불매운동을 벌이는 중이라고 합니

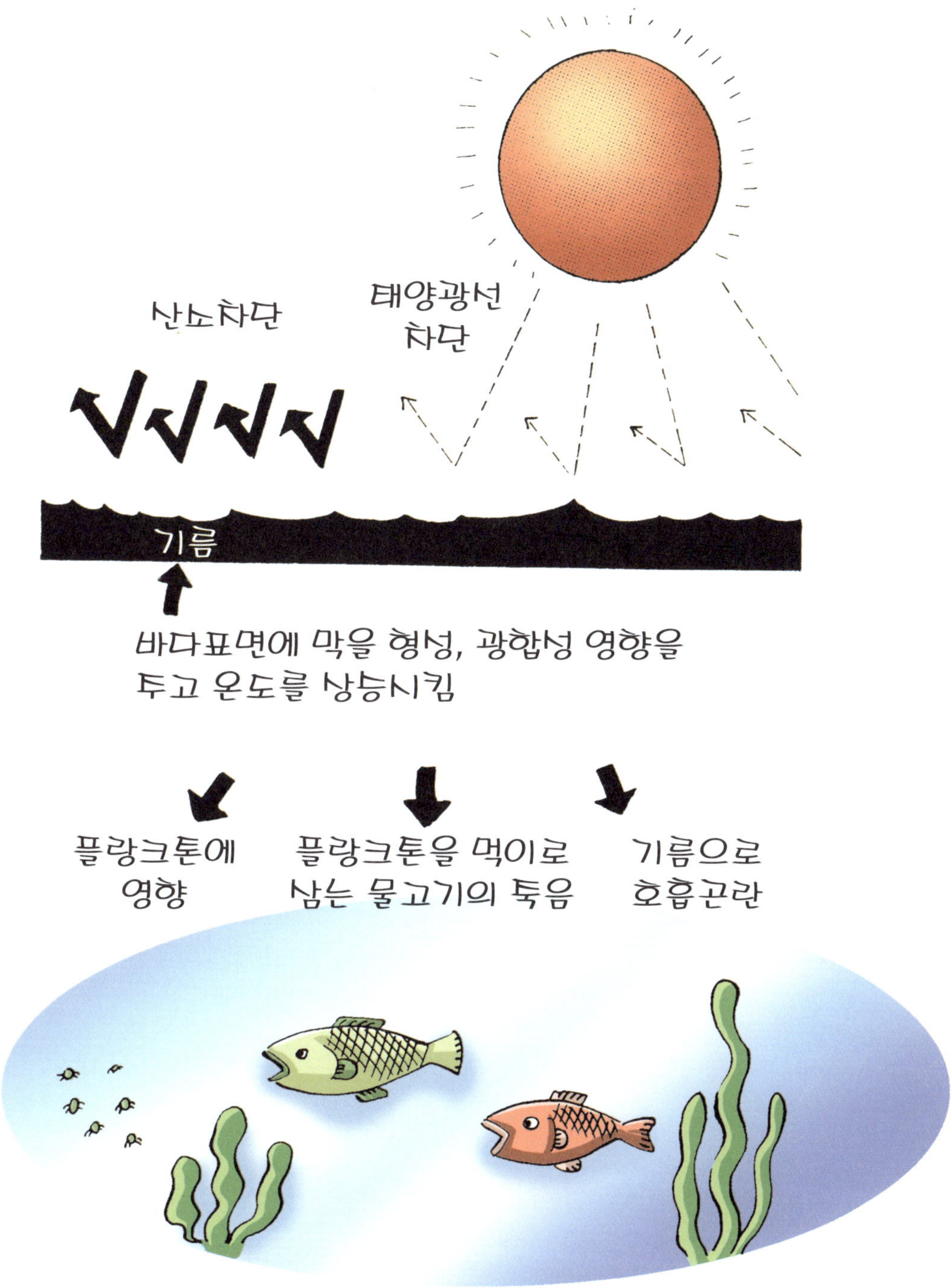
산소차단
태양광선
차단
기름
바다표면에 막을 형성, 광합성 영향을
투고 온도를 상승시킴
플랑크톤에
영향
플랑크톤을 먹이로
삼는 물고기의 죽음
기름으로
호흡곤란

〈밀렵꾼에게 죽은 코끼리 수〉

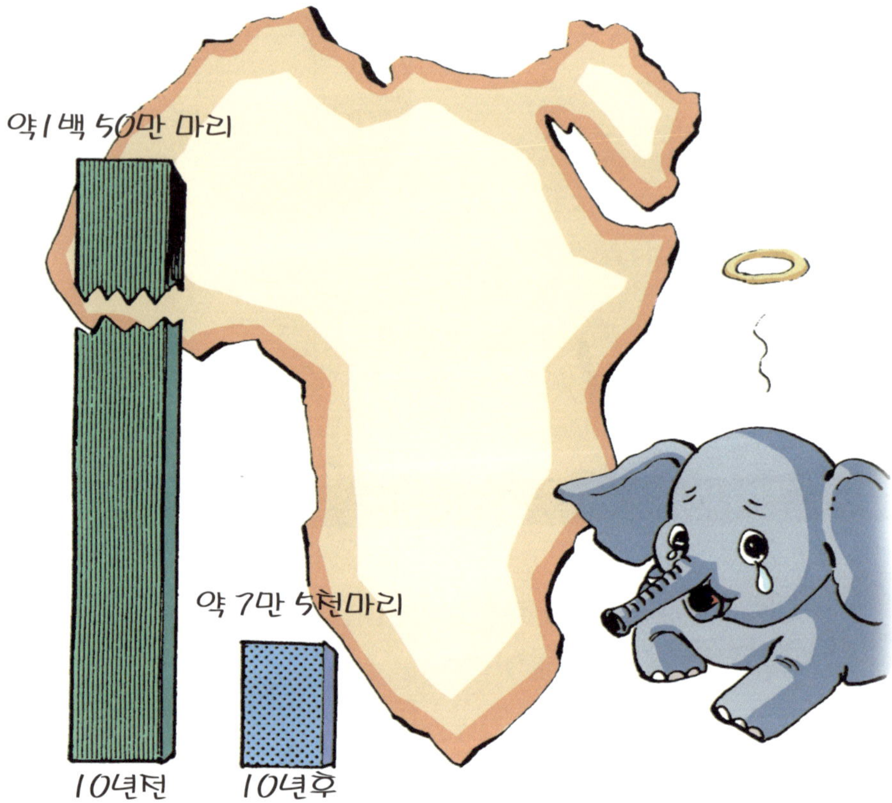

다.

상아제품을 좋아하는 사람들로 인해 수많은 코끼리가 밀렵꾼들에 의해 죽음을 당하고 있기 때문입니다. 10년 전에는 약 1백50만 마리였던 아프리카 코끼리가 이제는 약 7만 5천 마리에 불과하다고 합니다.

또한 바다에서는 참치를 잡아먹고 사는 돌고래가 650만 마리나 참치 잡는 어부에게 맞아서 죽었다고 합니다. 그로 인해 미국에서는 참치 통조림을 비롯한 박제 거북이, 산호초 등 각종 모피제품을 구입하지 않도록 한다는 것입니다.

무분별한 동물 사냥과 필요 이상의 사치는 이렇듯 많은 동물들을 멸종 위기에까지 이르게 합니다.

여러분의 가정에도 밍크코트가 있습니까?

몇십 마리 혹은 몇백 마리의 밍크를 사냥해서까지 밍크코트를 꼭 입어야 할까요?

그 옷을 입게 되면 아름답게 보이기는 하겠지만 나 하나만의 욕심으로 수많은 밍크가 죽어간다는 사실을 여러분은 어떻게 생각하세요?

환경오염도 측정

지표생물을 통한 환경오염도 측정

수질오염도는 생물화학적 산소요구량(BOD)으로 표시되고 있습니다. 그러나 오염 기준치는 강이나 호수의 한 부분을 측정한 것으로 오염을 감소시키기 위한 측정 기준

수치에 불과합니다.

그러므로 비오디(BOD)나 피피엠(PPM)의 수치만 가지고 우리 가정에서 식수로 사용하기에는 결코 안심할 수가 없습니다.

물의 비오디(BOD)가 1피피엠(PPM)이상이면 마실 수 없지만 술의 경우는 3만~10만 피피엠인데도 마실 수 있습니다.

같은 피피엠인데도 어떤 것은 마실 수 있고, 또 어떤 것은 마실 수 없습니다. 왜냐하면 물 속에 있는 성분(유기물 • 무기물)이 몸에 좋은지 나쁜지 그리고 산소와 결합해서 분해되면 어떤 좋은 물질을 내는지도 알 수 없기 때문입니다.

그렇기 때문에 이런 비오디의 수치는 그 수치가 쓰여 있다 해도 실제 생활에 별 도움을 주지 못합니다.

이렇듯 환경오염의 정도는 피피엠 등의 어렵고 실감이 나지 않는 수치로만 측정할 수 있는 것은 아닙니다.

한편 우리 주위에서 함께 살아가는 생물들로도 환경오염 정도를 알아볼 수 있습니다. 이런 생물들을 '지표생물' 이라고 부릅니다. 지표생물들은 환경의 변화나 오염에 특별히 민감한 반응을 나타냅니다.

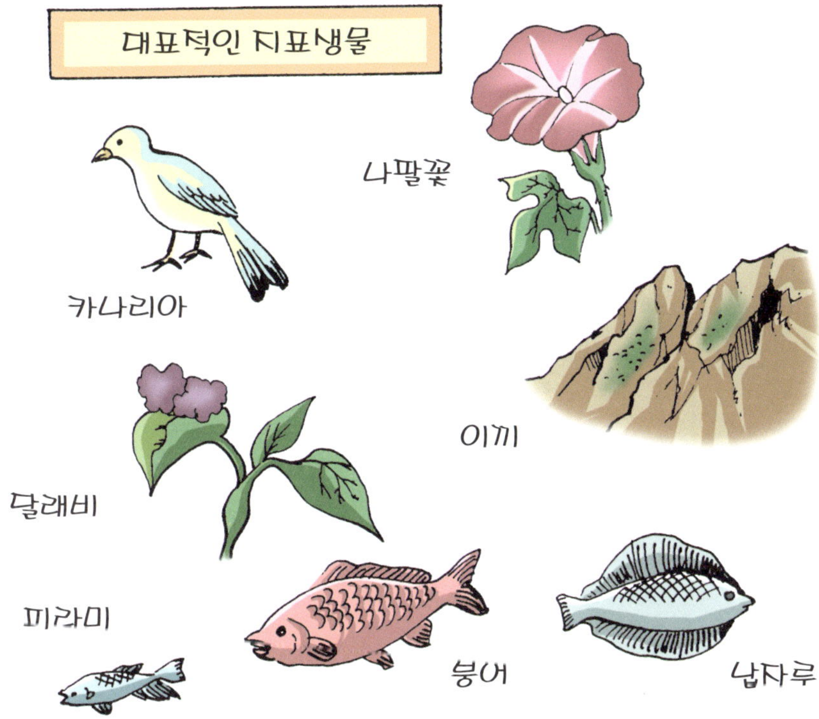

지표생물의 반응으로 환경을 측정하기 시작한 것은 19세기 영국 광부들에 의해서입니다.

그 당시 광산 노동자들은 '카나리아'라는 새를 갱도 안에 넣어서 새가 죽는지 죽지 않는지 확인을 하고 일을 시작했습니다. 갱도 안에는 일산화탄소의 양이 많았기 때문에 일산화탄소에 민감한 새를 통해서 그 실험을 한 것입니다.

그렇다면 대기오염의 지표생물은 무엇일까요?

대기오염의 대표적인 지표생물은 이끼입니다.

특히 아황산가스에 약한 이끼는 환경기준치의 상태에서

도 살지 못합니다. 따라서 이끼가 살아 있는 곳이라면 일단 아황산가스 오염은 걱정하지 않아도 됩니다.

나팔꽃도 훌륭한 지표생물입니다. 공기가 오염되어 오염물질이 있는 비를 맞게 되면 나팔꽃잎은 분홍색 반점이 생기다가 흰색으로 탈색이 됩니다. 오염이 심하면 이 반점은 갈색이 되거나 구멍이 뚫리게 됩니다.

방사능오염의 지표식물은 무엇일까요?

방사능 오염지표로는 달래비라는 식물이 있습니다.

이 식물은 일본의 원자력 발전소 주변에서 실험을 통하여 증명되었습니다.

이 식물은 방사선을 쬐면 돌연변이를 일으키며 원래의 푸른색이 아닌 분홍색 꽃을 피워서 위험 경고를 하게 됩니다.

수질오염의 지표식물은 무엇일까요?

수질오염의 지표는 환경처가 선정한 6종의 어류입니다. 6종의 어류의 이름은 참마자, 참종개, 납자루, 갈겨니, 붕어, 피라미 등입니다. 6종 어류를 그 종류에 따라서 급수를 정하였습니다.

1급 수질 어종으로는 참마자와 참종개, 납자루와 갈겨니는 2급 수질 어종, 붕어와 피라미는 3급 수질의 지표 어종

수질오염의 지표식물
〈1급 수질 어종〉
은어
참종개
〈2급 수질 어종〉
빙어
모래무지
〈3급 수질 어종〉
붕어
미꾸라지
잉어
피라미

입니다.

물고기는 상당한 기간 동안 물을 섭취하면서 물고기 자신에게 맞는 물 속 환경에서 살아갑니다. 따라서 물고기는 그 종류만으로도 물의 질을 알 수 있고 또 그 방법이 간단하면서도 정확합니다.

참마자와 참종개는 깨끗한 물에, 납자루와 갈겨니, 쏘가리는 약간 오염된 물에, 붕어 • 피라미 • 잉어 • 메기 등은 상당히 오염된 물에도 살고 있다고 합니다.

물론 먹물처럼 시커멓게 오염된 물에는 물고기가 살 수 없습니다.

우리에게 수질오염을 알려주는 물고기의 생김새는 어떨까요?

참종개는 8센티미터 가량의 크기로 담황색이며 등에는 구름모양의 갈색무늬가 있습니다. 배에는 삼각형 무늬가 이어져 있으며 물 속에 사는 곤충을 먹고 삽니다.

납자루는 10센티미터 가량의 크기로 통통하며 움직이는 속도가 느립니다. 물풀이 우거진 호수나 개울 등에서 볼 수 있고 입수염이 있으며 몸에 무늬나 반점이 없습니다.

주위에서 가장 많이 볼 수 있는 붕어는 환경에 따라서 몸의 색깔이 변합니다. 잡식성이며 가뭄과 수질오염에 대한 저항력이 강합니다. 10년 정도면 30센티미터 이상의 '월척' 이 됩니다. 물이 깨끗한 곳에서는 먹이가 모자라기 때문에 살지 못하며 물이 깊은 곳이나 하천의 하류에 주로 살고 있습니다.

피라미는 물의 깊이가 얕은 곳에서 살며 알에서 깨어난 지 1년만에 7센티미터 가량 자랍니다. 붕어와 같이 수질오염에 대하여 강하기 때문에 최근에 급격히 늘어나고 있습니다.

이밖에 희귀한 어종인 은어와 열목어 등은 1급 수역에 있고 빙어, 쏘가리, 모래무지, 버들치, 참붕이 등은 2급 수역에 잉어, 미꾸라지, 메기, 가물치 등은 3급 수역에 살고 있는 것으로 확인되었습니다.

이와 같이 물고기가 살고 있는 장소를 통하여 수질오염을 파악할 수 있습니다. 이를 통하여 오염상태를 종합적으로 알 수 있는 것입니다. 즉 오랜 시간에 걸쳐서 강이나 바다의 일정한 지역에서 오염이 축적되어가는 과정과 원인을 아는 데에 많은 도움을 주는 것입니다. 또한 측정할 수 있는 기계와 전문적인 기술이 필요없기 때문에 경제적이며 수질오염이 사람에게 주는 영향을 이해하기 쉽게 하는 장점이 있습니다.

감각오염지표

감각오염지표란 무엇인가?

감각오염지표는 대기오염의 상황을 종합 점수로 표시해서 오염 상황을 국민들이 쉽게 이해할 수 있도록 한 것입니다.

감각오염지표는 이런 방법으로 발표합니다.

『서울의 오늘 대기의 오염도는 61점입니다(매우 나쁨)』

이 종합 점수는 아황산가스 • 먼지 • 일산화탄소 • 오존 • 질소산화물 등이 들어 있는 양에 따라 점수를 줍니다.

0점(공해가 없는 상태)~100점(가장 오염이 심한 상태)으로 나타내어 줍니다.

1급(양호 0~20점) : 상쾌하고 즐겁습니다.

2급(보통 20~40점) : 정상적인 활동을 해도 됩니다.

3급(나쁨 40~60점) : 심장이나 폐에 병이 있는 환자는 주의해야 합니다.

즉, 바깥 활동이나 노동을 하지 말아야 합니다.

4급(매우 나쁨 60~80점) : 노인이나 폐에 병이 있는 환자는 반드시 실내에 있어야 합니다. 자동차 운행을 하지 말아야 합니다.

5급(위해 80~100점) : 런던에서 발생한 스모그사건 같은 대기오염의 재해가 걱정되는 상황입니다. 공장에서 활동시간을 줄이는 등 빠른 조치가 내려져야 합니다.

이 감각오염지표는 현재에 대기오염의 상황이 매우 어려운 용어로 발표되기 때문에 이해하기가 매우 어려운 점을 쉽게 알 수 있도록 고친 것입니다. 또한 대기오염 때문에 일어나는 재해에 대하여 빠른 대처를 하기 위하여 마련한 것이기도 합니다.

〈감각오염표 표시방식〉

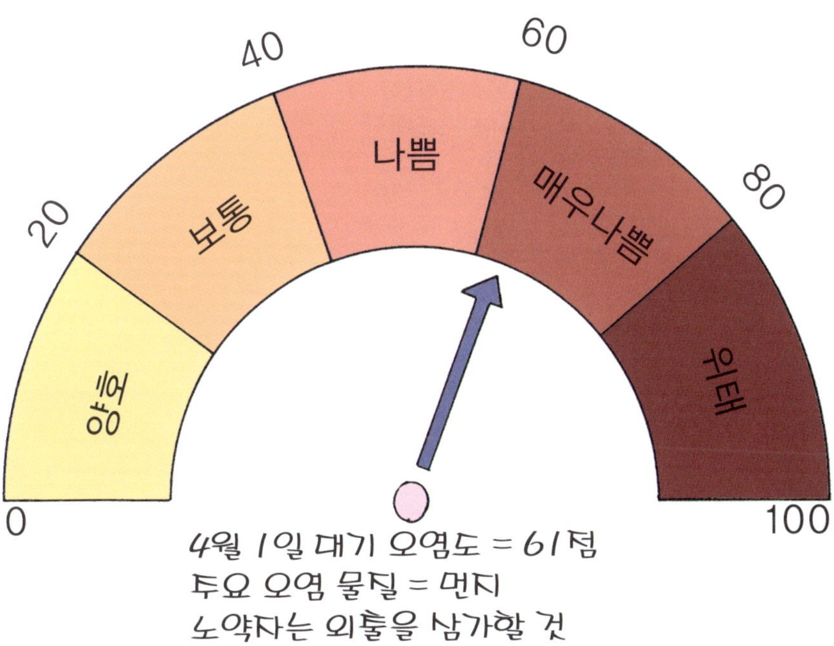

숨쉬고 싶은 지구

(태안 반도의 비극)

태안기름유출사건 또는 서해안기름유출사건. 2007년 12월 7일 서해안의 태안 앞바다에서 유조선 허베이스피릿호와 해상 크레인이 충돌하여 대량의 기름이 유출된 해양오염 사고를 말한다. 삼성 예인선단 2척이 인천대교 건설공사에 투입되었던 삼성중공업의 해상크레인을 쇠줄에 묶어 경상남도 거제로 예인하던 도중에 한 척의 쇠줄이 끊어지면서 해상크레인이 유조선과 3차례 충돌을 일으킴으로써 발생되었다.

이로 인하여 총 1만 2547㎘에 이르는 원유가 유출되었는데, 이는 종전까지 한국 해상의 기름유출 사고 가운데 최대 규모로 알려진 시프린스호 사건보다 2.5배나 많을 뿐 아니라, 1997년 이후 10년 동안 발생한 3915건의 사고로 바다에 유출된 기름을 합친 1만 234㎘보다 훨씬 많다. 유출된 기름으로 형성된 짙은 기름띠가 사고 당일 만리포와 천리포 모항으로 유입되었고, 9일 근소만 입구의 안흥항과 가로림만 입구의 만대까지 확산되었다. 10일에는 천수만 입구까지 확산되었으며, 11일에는 옅은 기름띠가 안면도까지 유입되었다.

또 기름이 덩어리져 굳어버린 굳어버린 '타르 볼'도 광범위하게 확산되어 2008년 1월 1~2일에는 전라남도 진도 해남과 제주도의 추자도 해안까지 퍼진 것으로 보고되었다.

사고발생 후 기름 확산을 막아야 할 방제정은 높은 파도와 강풍 속에서 제 기능을 하지 못하였고, 오일펜스를 제때 설치하지도 못하는 등 초기 대응에 실패하여 해양오염이 더욱 확산되었다. 기름유출 한 달 만에 수거된 폐유는 유출량의 절반에도 미치지 못하는 4175㎘였으며, 폐기물 2만 5482t이 수거되었다. 사고발생 한 달 만에 피해를 입은 양식장 면적만 서산시 3개 읍 면의 112개소 1071ha, 태안군 8개 읍 면의 361개소 4088ha에 이르렀으며, 해수욕장 어장 및 증 양식 시설에 많은 피해를 입은 태안군 서산시 보령시 서천군 홍성군 당진시(당시 당진군) 등 6개 시 군이 특별재난지역으로 선포되었다. 2008년 1월 8일 1차 해상방제가 마무리되고, 동년 10월 10일 도서지역의 해안방제가 마무리되었다. 이를 기준

이를 기준으로 집계된 폐기물 수거량은 폐유 4,175㎘와 흡착폐기물 3만 2074t이었다. 이 사건은 예인선이 기상악화 예보를 무시한데다가 지역 해양청의 충돌위험 무선 경고까지 무시하고 무리하게 운항하다가 빚어진 인재(人災)였으며, 사고 후에 무선 경고를 받은 적이 없는 것으로 항해일지를 조작하기까지 하였다.

한편, 엄청난 해양오염 재앙을 함께 극복하고자 서해안으로 향하는 자원봉사자들의 발길이 끊이지 않았다. 사고가 발생한 지 한 달 사이에 50만 명이 넘는 자원봉사자들이 매서운 바닷바람 속에서 기름덩이를 제거하는 데 동참하였고, 재난 극복을 도우려는 성금도 끊이지 않았다. 육상에 동원된 인력은 총 2,132,322명으로 이 중 자원봉사자가 1,226,730명에 달한다.

환경오염의 상황

수질오염

수질오염은 크게 강물오염과 바다에서 일어나는 오염으로 나눌 수 있습니다.

강물오염의 주범은 생활하수와 공장폐수 및 농·축산폐수를 들 수 있습니다.

생활하수는 하수의 폐수가 약 70퍼센트가량 차지하고 있으나 하수처리능력은 25퍼센트에 그치고 있습니다. 그러므로 인구가 밀집되어 있는 대도시 주변은 점점 수질이 악화되고 있습니다.

생활하수에서 가장 심각하게 떠오르는 문제는 합성세제의 사용이 갑자기 늘어난 것에 있습니다. 주방에서 사용하는 것이나 세탁할 때 사용하는 것 이외에도 샴푸와 린스 등은 모두 석유화학 세제를 뜻하는 합성세제입니다.

수질오염의 주범은 합성세제(주방용세제, 샴푸, 린스, 비누)입니다.

합성세제가 주는 피해는 무엇보다도 자연 생태계의 파괴로 나타납니다. 강물을 뒤덮고 있는 합성세제의 거품은 햇빛을 차단하고 물 속에 사는 생물의 광합성을 방해합니다. 그러므로 산소의 공급을 막아서 하천에서는 스스로 깨끗해지려는 자정작용을 크게 떨어뜨리고 있습니다.

공장폐수는 생활하수의 절반 정도를 내보내고 있는데 그 안에 중금속 등 독성이 있는 물질을 많이 포함하고 있습니다.

공장폐수 속에 들어있는 중금속 성분중 카드뮴, 구리, 납, 수은, 비소 등은 좀처럼 걸러지지 않고 있습니다. 그런데도 생산을 하고 있는 공장에서 불법으로 폐수를 하수로 내보내고 있습니다.

게다가 불법으로 내보내는 이런 폐수의 양은 줄어들기는커녕 갈수록 수법이 지능화되어 양이 점점 많아지고 있는 실정입니다.

공장에서는 폐수를 내보내는 것에 대하여 단속을 받고

있으며 고발되기도 했지만 오히려 그 양이 늘어나고 있는 것은 전혀 개선되지 않았다는 것을 알 수 있습니다.

한편 육류 소비의 증가에 따른 축산폐수도 마찬가지로 심각합니다.

축산폐수가 전체 폐수에서 차지하는 비율은 작다고 하지만 음료수로 쓰기 위해 만든 수도관 가까이에 있을 경우에는 그대로 흘러들기 때문에 심각한 수질오염의 원인이 되고 있습니다.

농약과 화학비료의 사용도 수질오염의 원인이 됩니다. 최근에는 어른들이 즐기는 골프장에서도 많은 오염물질이 흘러나옵니다.

보기에 좋은 파란 잔디이지만 잔디를 키우기 위하여 비료와 농약이 사용되기 때문입니다. 그 비료와 농약은 빗물에 흘러 근처의 강과 저수지를 오염시킵니다.

해양오염의 경우는 어떨까요?

바다는 모든 오염물질이 모이는 마지막 종점이라고 할 수 있습니다.

도시에서 흘러나오는 생활하수, 공장폐수, 농약 찌꺼기 등은 하천을 통하여 흐르고 대기 중의 오염된 물질이 비에 씻겨 바다로 모두 흘러듭니다.

해안가를 메꾸는 간척사업도 해양의 생태계를 파괴합니다. 또한 물 위에서 하는 활동이나 배의 난파사고 등은 많은 양의 기름과 쓰레기를 바다로 내보냅니다. 그러므로 바다의 생태계에 커다란 타격을 주게 됩니다.

우리 나라는 1970년 이후 수출을 위하여 임해지역 곳곳에 중화학 공업단지를 세우게 되었습니다. 이 공업단지에서 배출한 폐수는 주변 해안 지역을 심하게 오염시켰습니다.

인천, 군산, 마산 등은 수질오염으로 인하여 죽은 바다가 되었습니다. 그 밖의 다른 연안도 양식어장은 물론 여름에 즐기는 해수욕장으로도 적당하지 않을 정도로 오염이 되어 있습니다. 이로 인해 풍부한 어산물의 창고였던 연•근해의 양식어장과 수산물은 거의 몰락하였고 바다 속의 귀중한 자원들도 역시 바닥을 보이고 있습니다.

해안지역뿐만 아니라 바다에서 멀리 떨어진 내륙의 곳곳에 흩어져 있는 공장에서도 폐수를 처리하지 않은 채 그대로 흘려보냅니다. 이로 인하여 하천은 몸살을 앓고 있으며 이 오염된 물질은 마지막으로 바다로 모여들어 해양을 더욱 오염시키게 하는 것입니다.

낙동강에 폐수를 흘려보내는 공업단지는 대구, 구미, 진주, 양산 공업단지입니다. 한강에 딸린 강과 호수를 따라서 만들어진 원주공단, 춘천공단, 이천공단, 용인공장, 안양공장, 구로공단, 중랑천 주위에 있는 중소 가내 공장들과 부평•인천 공단들에서 흘려보내는 폐수들은 결국 인천의 바다를 죽은 바다로 만들고 있는 것입니다.

도시의 하수와 대기오염의 물질 역시 마지막으로 바다의 오염을 부추기는 역할을 합니다.

바다를 오염시키는 해상활동에 의한 기름이나 쓰레기를

생각해 봅시다.

오늘날 해상활동이 원활해지면서 배에서 고의적으로 기름을 내보내거나 유조선이 난파를 당하여 기름이 흐르는 경우도 있습니다. 또 해저 유전을 개발하기 위하여 바다를 오염시키기도 합니다.

특히 유조선의 난파 사고에 의한 오염은 한꺼번에 많은 양의 기름이 사고지역에 흐르기 때문에 그 피해가 엄청나게 크게 발생합니다.

오염물질은 쉽게 분해되지 않기 때문에 마침내는 바다로 흘러들어가게 되어 있습니다. 그리고 먹이연쇄를 통해서 그 오염물질은 이동되고 마지막으로는 사람의 몸 속에 흡수되어 조금씩 쌓이게 됩니다.

죽은 생물들은 그 양이 적을 때는 해양생물의 먹이가 됩니다. 그리고 남은 것은 미생물에 의해서 모두 분해됩니다. 그러나 양이 지나치게 많으면 산소를 좋아하는 미생물에 의해 산화•분해됩니다. 이 때 물 속에 있는 산소가 한꺼번에 많이 들어 산소의 결핍 현상이 일어납니다.

이런 상태가 계속되면 생물에 해로운 물질이 생겨서 바다가 독성을 띠게 됩니다. 또한 해안 지역에 특정 플랑크톤이 급격히 늘어나서 적색, 적갈색, 갈색, 녹색, 황록색

등 넓은 지역의 띠를 이루는 적조현상이 발생합니다.

그럼 적조현상이란 무엇인가요?

플랑크톤이 갑자기 늘어났기 때문에 바닷물이 붉게 보이는 현상입니다. 적조가 나타나면 하천・호수 등 물 속에 녹아 있던 산소가 없어지게 됩니다. 그리고 독성이 강한 물질이 새로 만들어져서 어패류가 떼죽음하는 일이 일어납니다.

이러한 모든 해양오염으로 인하여 가장 먼저 큰 피해를 당하는 사람은 바로 양식업 • 어업을 직업으로 하는 어민임을 우리는 알고 있습니다.

바다의 오염이 날로 심해져 이들은 지금 치명적인 타격을 입고 있습니다.

왜냐하면 양식장이 망가지고 물고기나 수산자원을 잡는 양이 눈에 띄게 줄어들어서 생활을 유지하는 데에 큰 어려움을 겪고 있기 때문입니다.

바다를 쓰레기처리장 쯤으로 여기는 태도는 하루 빨리 고치도록 하여야겠습니다.

또한 개발이라는 이름으로 진행되고 있는 곳곳의 해안 메우기는 먼 장래에 환경을 파괴한다는 면에서 신중하게 생각해야 하겠습니다. 생태계의 파괴는 사람이 살아가는 기반을 없애는 것이라는 생각으로 우리 모두 반성을 해야 하겠습니다.

몇년 전에 발생된 대구의 수돗물 오염 사건으로 식수에 대한 관심은 더욱 높아가고 있습니다.

여기에서 우리 나라의 환경은 과연 어느 정도의 성적을 받을 수 있을까요?

우리 나라의 하수 처리율과 쓰레기는 비교 대상국 중에서 꼴찌를 차지하였습니다. 무척 부끄러운 일입니다. 비교한 7개국은 미국, 일본 등 선진국 일곱 나라입니다.

그 중에서 서울의 하수량은 해마다 빠르게 늘어나고 있으며 인구가 증가하고 문화 수준이 높아지므로 인하여 그 배출량은 더욱 많아질 전망입니다.

서울의 물줄기인 한강 상류 지역도 공장폐수에 의하여 더욱 크게 오염되고 있습니다. 최근 몇 년간 조사한 것을 보면 산소 요구량이 1피피엠 이하인 1급 수원지는 전혀 없음이 나타났습니다. 팔당이 1.5피피엠, 구의가 2~3피피엠, 보광이 5~6피피엠, 노량진 7~8피피엠으로 팔당을 제외하면 먹을 수 있는 물을 제공하는 곳은 거의 없는 셈입니다.

대기 오염

인류가 만든 문명의 세계는 '불의 발견' 에서 시작되었다고 볼 수 있습니다. 그러나 문명을 건설하는 데 쓰이는 도구가 내놓은 연기는 예상하지도 못하던 무서운 부작용을 가져왔습니다.

한때는 시커먼 연기를 내뿜는 공장 굴뚝이 번영의 상징으로서 찬사를 받은 적이 있었습니다. 그러나 이제 공장 굴뚝의 연기와 자동차의 매연은 단 하나뿐인 지구와 인간을 병들어가게 하는 원인으로 밝혀졌습니다. 그러므로 대기오염은 산업화가 시작된 이후 발생했다고 볼 수 있습니다.

대기오염의 주범은 난방연료와 배출가스 및 갑자기 늘어가고 있는 자동차의 배기가스입니다.

이런 가스 속에는 아황산가스, 일산화탄소, 이산화질소, 먼지(분진), 수은, 납 카드뮴, 석면 등이 함유되어 있습니다.

이런 성분들은 인체에 무척 해롭고 심하면 생명까지 위험하게 만듭니다.

한 해 동안에 서울에서 배출된 대기오염은 약 100만 톤으로 예측되고 있습니다. 이 가운데 가장 많은 오염물질은 일산화탄소이고 질소화합물, 아황산가스, 먼지, 황화수소의 순서로 나타났습니다.

배출을 많이 하는 순서로는 자동차가 가장 많고 나머지는 일반 가정과 대형건물 등입니다.

아황산가스는 석탄 • 석유 등을 사용할 때 많이 배출되는 자극성 기체입니다. 이것은 대기 중에 있는 산소와 수분에 의해서 황산이 되어서 호흡기 질환, 점막, 장기 등의 장애를 가져옵니다. 또한 질소산화물, 탄산가스 등과 함께 섞이면 산성비를 내리게 하는 원인이 되기 때문에 동 • 식물에게 피해를 주기도 합니다.

분진은 시멘트 공장 • 연탄 공장 등 가루를 사용하는 과정에서 발생합니다. 그런데 수은, 카드뮴 등 금속물질이 포함되어 있는 경우도 있습니다.

분진 중에서 아주 작은 것은 공중에 떠다니면서 호흡기를 통해 허파꽈리까지 도달합니다.

진폐증의 경우 갑작스런 변화는 없으나 잘 낫지 않고 오래 끄는 만성적인 질환을 일으키기도 합니다. 분진은 우리 나라의 대도시 대기오염 중에서 가장 취약 분야이기도 합니다.

교통량이 늘어나는 것. 특히 자가용이 점점 많아지는 것은 도시 지역의 대기오염이 좋아지지 않는 가장 큰 요인이 되고 있습니다. 우리 나라 전체로 보면 아황산가스와 분진은 공장, 발전소, 주거용, 난방에서 90퍼센트 이상이 발생합니다. 그러나 질소산화물 • 탄화수소 등은 50퍼센트 이상을 자동차가 내뿜고 있는 것입니다.

대기오염의 하나로 스모그 현상이 있습니다.

런던 스모그 사건

런던은 '안개의 도시'라는 별명처럼 항상 짙은 안개에 싸여 있는 도시입니다. 이 안개는 공장이나 가정에서 배출되는 아황산가스, 매연 등과 합쳐져서 스모그를 이룹니다.

런던의 스모그 사건은 바로 이 스모그가 일으킨 참사입니다.

1952년 12월 4일입니다. 이날 아침은 평상시처럼 상쾌하게 밝아왔습니다. 기온은 섭씨 4° 전후였습니다. 그러나 이러한 기상은 차가운 공기가 서유럽을 가로질러 영국에 가까이 오면서 바뀌기 시작했습니다.

정오 무렵에 아침부터 불어오던 따뜻한 바람이 갑자기 멈추었고 대륙에서 건너온 차가온 기운이 템즈계곡에 자리를 잡았습니다. 찬 공기는 아래, 더운 공기는 위로 자리를 잡아 공기의 흐름이 멈추는 현상이 나타났습니다. 여기에 안개가 끼기 시작했습니다.

해가 져서 차가운 기운이 심해지자 모든 집에서 실내를 따뜻하게 하기 위해 많은 석탄을 때기 시작했습니다. 그 날 밤에 수십만 채의 집의 굴뚝에서 배출된 연기와 아황산가스가 안개와 섞이게 되어 결국은 스모그 현상이 발생하게 된 것입니다.

하룻밤이 지난 12월 5일입니다. 런던은 오염된 대기의 짙은 안개 속에 완전히 휩싸였습니다. 대부분의 런던 시민들은 짙은 안개 속에서 혼란을 일으켰습니다. 자동차는 헤드라이트를 켜고 달렸으나 짙은 안개 때문에 충돌하는 사고가 잇달아 일어났습니다. 그러므로 도로는 통행이 불가능했습니다.

12월 6일 안개는 런던의 시외까지 번지고 안개로 인하여 열차가 충돌하는 사태가 일어났습니다. 템즈강을 따라 오르내리는 배들의 운행도 일제히 금지되었습니다. 그 날 밤도 역시 습하고 추웠습니다. 가정에서는 석탄을 계속 사용하였습니다.

12월 7일 휴일이었던 이날은 사태가 더욱 악화되었습니다. 많은 지역에서 안개가 짙어서 낮인데도 저녁처럼 어두웠습니다. 안개 속을 걷는 것조차 위험하였습니다. 안

개는 계속 걷히지 않았고, 기온은 변함없이 낮았습니다. 또한 공기의 움직임도 전혀 없었습니다.

12월 8일 피해는 계속되었습니다. 런던 역에서 출근 통근 열차가 충돌하였습니다. 또 공장에서도 매연을 내뿜기 시작했습니다. 런던에서는 사망자의 수가 평상시보다 늘어나고 있다는 소식이 빗발쳤습니다. 다행스럽게도 8일 밤에는 남서풍이 불기 시작했고 9일 아침에는 스모그가 사라졌습니다. 그러나 스모그가 없어졌는데도 스모그에 의한 피해는 계속 되었습니다. 날씨는 아주 쾌청했음에도 불구하고 스모그에 의한 사망자는 500명에 이르렀습니다.

12월 13일까지 스모그에 의한 사망자 수는 2,800명을 넘었고, 그 다음 주에는 1,200명 이상이 사망했습니다. 불과 5일간에 4,000명의 주민이 목숨을 잃었습니다. 그 뒤에도 사망자는 계속 늘어났고 다음 해 2월까지는 8,000명의 사망자를 내는 참사를 빚었습니다.

이같은 대참사를 가져온 스모그의 정체는 아황산가스와 매연으로 인한 것이었습니다. 사망자 이외에도 기관지염, 폐렴 등 호흡기 질환을 앓고 있는 사람이 많이 나타났습니다.

로스앤젤레스 스모그

런던의 스모그 외에도 로스앤젤레스의 스모그는 현대 공해를 특징적으로 보여주고 있습니다.

로스앤젤레스 스모그의 원인은 무엇일까요?

바로 먼지입니다.

1943년 로스앤젤레스에서 안개현상이 일어났습니다. 희끄무레하고 때로는 황갈색을 띤 이 안개는 눈속에 들어가면 따갑기도 하고 눈물도 나왔습니다.

눈을 따갑게 하는 스모그 안개는 대기 중의 보이지 않는 오염물질이 햇빛에 작용하여 만들어지게 되었습니다. 즉 태양광선으로 인하여 활발하게 된 질소산화물이 휘발유의 폐기물 같은 것과 섞여 독성이 있는 물질을 만들어 내는 것입니다.

로스앤젤레스 스모그는 로스앤젤레스와 같이 햇빛이 강한 곳에서만 나타나는 특이한 현상이 아닙니다. 세계 도처의 대도시에서도 나타나고 있습니다.

오늘날 공기 속에는 로스앤젤레스 스모그를 일으키는 질소산화물, 탄화수소와 함께 공장에서 나오는 아황산가스 • 분진 등 공기 속에서는 발견되지 않던 수많은 물질이 떠다니고 있습니다.

이러한 환경에서 대기오염이 주는 피해에 대하여 정확하게 말하기는 어려운 일입니다.

대기오염의 건강 피해에 있어서 어린이나 노약자 그리고 가난한 사람들에게서 그 피해가 가장 심하게 나타나고 있습니다.

서울의 스모그

여러분은 가끔 서울의 하늘을 쳐다보십니까? 오늘날 서울 하늘에선 런던 스모그와 로스앤젤레스 스모그가 모두 나타나고 있습니다. 비록 그 정도는 약하다 하더라도 기상 조건에 따라서는 심각한 피해를 일으킬 가능성이 있습니다.

특히 자동차의 증가로 매연이 많습니다. 또한 먼지의 오염도도 높아지고 있습니다.

대기오염에 대하여 우리 모두 함께 그 오염도를 줄이도록 생각해 보기로 합시다.

산성비

산성비는 무엇일가요?

산성비는 유황산화물이나 질소산화물 등이 대기중의 물방울에 녹아 들어가서 그 결과 산성화된 비가 내리는 것을 말합니다.

이것은 런던의 스모그 현상에서부터 시작되었다고 볼 수 있습니다.

일본에서도 후루카와 광산의 아시오 제련소에서 나오는 폐기물 때문에 산성비가 내렸다고 합니다.

이로 인하여 많은 피해를 입었습니다.

대기 중의 오염물질이 물방울에 녹아들어가 비와 함께 육지로 떨어지면 흙이나 식물을 오염시키고 사람과 기타 생명체에 심각한 영향을 끼치게 되는 것입니다. 요즘에는 화학 물질, 중금속, 방사선 물질 등 수많은 독성 물질이 대기 중에 떠다니다가 비와 함께 떨어집니다. 그렇게 해서 오염의 피해는 더욱 심해지는 것입니다.

산성은 수소이온을 나타내는 단위인 피에치(PH)를 말합니다. 순수한 물은 PH7이며 중성이라고 합니다. 이를 기준으로 하여 PH7보다 적으면 산성이고, 많으면 알카리성이라고 합니다.보통 비는 대기 중에 탄산가스가 녹아 있고 약산성이 PH5.65입니다. 즉 PH5.65이하의 PH값을 가진 비를 산성비라고 합니다.

산성비에 의한 피해는 우리 나라에서도 매우 심각합니다. 산성비의 농도가 해가 갈수록 높아지고 있기 때문입니다.

중국의 공업화로 인한 대기오염물질이 바람을 타고 이동하여 비로 내리기도 하니 '지구는 하나' 라는 말이 환경오염에서도 적용되는 말이 되었습니다.

오늘날 산성비의 심각성은 어느 정도일까요?

처음으로 산성비를 심각하게 받아들인 것은 북유럽의

여러 나라입니다.

스웨덴의 서해안 지방에 산성비가 쏟아지자 그 이후 호수는 차츰 어류가 살 수 없는 죽음의 호수로 되어버렸습니다. 호수가 산성화 되면 우선 플랑크톤이나 물 속에 사는 식물들이 영향을 받게 되고 물고기가 살기 어려운 환경이 됩니다.

산성비는 호수뿐만 아니라 유럽 중앙부의 삼림지대까지 망치고 있습니다. 나무들이 죽기 시작한 것입니다. 독일의 슈바르츠 발트라는 곳은 아름다운 전나무로 유명한 곳이었습니다. 하지만 지금은 산성비의 영향으로 75퍼센트가 죽어가고 있다고 합니다. 검푸른 빛을 띤 싱싱한 침엽수가 노랗게 죽어가는 광경은 무척 안타까운 일입니다.

소음공해

눈에 보이지는 않지만 심각한 영향을 미치는 공해로 소음공해가 있습니다.

자동차의 경적음, 공사현장, 비행기 등에서 나는 소음이 바로 그것입니다.

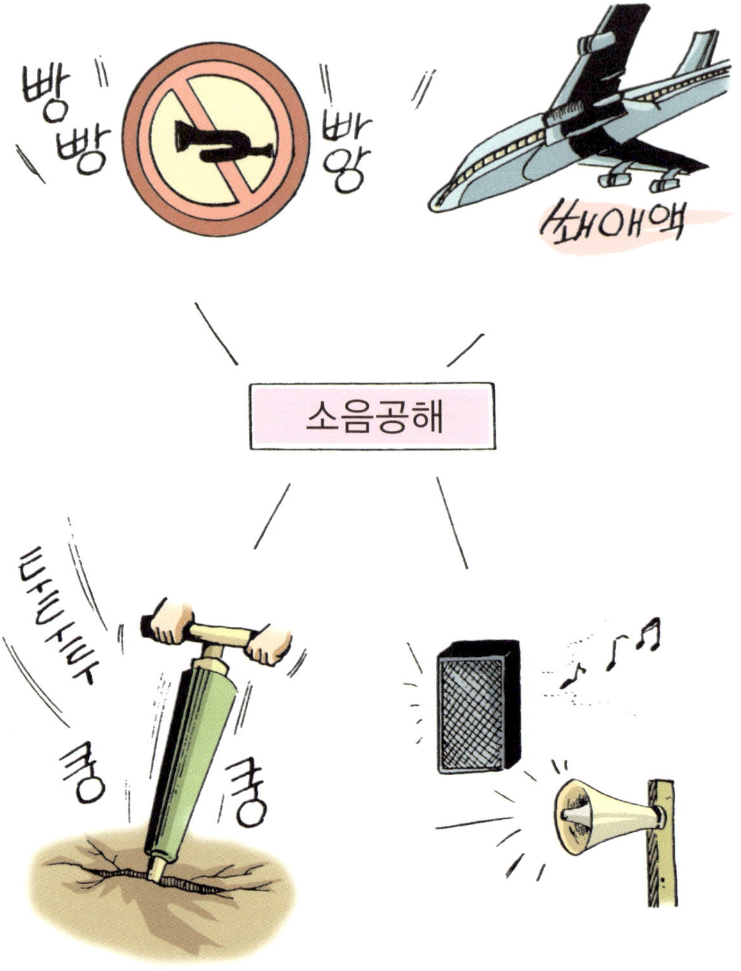

우리 나라 대도시의 소음은 모두 환경 기준이 되는 수치를 넘는 것으로 나타나고 있습니다.

여러분은 소음을 어느 정도 참을 수 있다고 자신합니까?

데시벨(db)이란 소리의 세기를 표준음의 세기에 비교한

수량의 단위로, 사람들은 40데시벨 이상이면 소음으로 여기기 시작합니다.

그런데 서울의 경우 서울역, 광화문, 동대문의 시끄러운 곳에는 평균 75~80데시벨로 나타나고 주택가는 60데시벨이라고 합니다.

오랜 시간동안 70데시벨의 소음 속에 있게 되면 수면에 심한 장애를 일으킵니다.

80데시벨이면 말초혈관이 수축되고 90데시벨이면 청력이 손실된다고 합니다.

쾌적한 환경을 유지하기 위해서 소음은 사라져야 되겠습니다.

도시에서는 많은 사람들이 모여 살기 때문에 자동차의 통행과 작은 공장으로 인하여 항상 주위에는 소음이 들려옵니다.

특히 비행기로 인한 소음은 정상적인 생활을 할 수 없을 정도라고 하니 정말 심각함을 느낄 수 있습니다.

외국의 연구논문에 의하면 소음이 심해지면 듣는 것이 어렵게 되고, 정신질환, 심장병, 위장병까지 일어난다고 합니다. 임산부의 태아도 정신착란증이나 성격상의 결함을 일으킬 수 있다고 합니다.

그렇다면 조용한 환경을 위해 우리는 어떤 노력을 해야 할까요?

토양오염

토양오염은 사람에게 직접 해로움을 끼치지는 않습니다. 하지만 땅 위에서 자라는 동식물에게 해로움을 주어 그 식물을 먹는 사람들에게 간접적으로 피해를 줍니다. 이러한 점에서 수질오염 • 대기오염과는 성질이 다릅니다.

토양오염은 여러 가지 해로운 물질이 오랜 기간에 걸쳐 축적되어 일어나는 현상입니다.

토양오염은 주로 농약이나 비료 등 농업에 필요한 자재나 각종 쓰레기에서 비롯됩니다.

농약 사용은 토양오염을 일으켜 심각한 생태계의 파괴를 낳고 있습니다.

그러면 농약이란 무엇일까요?

농약은 농작물을 해치는 동식물의 발생을 막기 위해 사용되는 약품, 혹은 그 약품의 효과를 높이기 위해 사용되는 보조제를 말합니다.

생태계에서는 동식물의 일생이 끝나면 눈에 보이지 않는 미생물과 작은 벌레들이 그 동·식물의 분해를 시작합니다. 그리고 먹이가 되는 부분을 각자가 섭취하고 배설합니다. 이런 배설물들은 다른 식물의 성장에 도움이 되는 자연적인 비료가 됩니다.

이렇게 서로 상호보완하는 토양생물은 흙 1킬로그램당

약 10억 마리가 있습니다. 그러나 농약을 뿌림으로써 이런 토양생물은 멸종의 위기에 처해 있고 자연은 그 기능을 점점 잃어버리고 땅은 척박해집니다.

땅이 척박해질수록 화학비료는 더욱 많이 사용하게 되고 식물은 저항력이 떨어지게 됩니다. 그러므로 더 많은 양, 더 독한 농약으로 토양오염이 심해집니다.

토양오염이 주는 피해를 알아봅시다.

토양에 쌓인 농약은 습진 • 피부염 • 구토 • 언어장애 • 기억력 감퇴 등 커다란 영향을 끼칩니다.

수질오염 • 대기오염에서 나타나는 중금속오염은 토양에 축적되어 인체에 더욱 심각하게 나타납니다.

이런 토양오염의 주범은 공장폐수와 쓰레기 매립장을 비롯해서 금속광산에서 대량적으로 생기는 광석가루 등입니다.

쓰레기공해

쓰레기는 물, 공기, 땅 등의 오염에 직접 영향을 미치고 있습니다. 또한 쓰레기 자체로도 커다란 문제가 되고 있습니다.

쓰레기는 생활쓰레기와 산업쓰레기로 나누어집니다.

생활쓰레기에 대해 알아봅시다.

생활하면서 버린 쓰레기의 하루 양은 우리 나라가 1인당 2.17킬로그램입니다. 외국의 경우와 비교해 보면 서독은 0.7킬로그램, 일본은 1킬로그램, 미국은 1.7킬로그램으로 우리 나라가 훨씬 많은 것을 알 수 있습니다.

좁은 국토에 비해 많은 양의 쓰레기가 발생하고 처리상태가 미비한 우리의 쓰레기 처리에 대해 생각해 본 적이 있습니까?

우리의 쓰레기 처리는 5퍼센트만이 불로 태워지고 나머지 95퍼센트는 그대로 쌓이는 상태입니다. 그러므로 장소의 부족과 더불어 환경오염은 더욱 심각해집니다.

이 같은 문제점을 해결하기 위해서는 우선 쓰레기의 양을 줄여야 합니다. 그리고 그 중에서 재활용이 가능한 것은 최대한 회수해야 합니다. 또한 연기가 나는 것과 나지 않는 쓰레기를 구분해서 수거해야 합니다.

자연계에 살고 있는 분해생물의 정화능력이 쓰레기 증가에 미치지 못하므로 산업쓰레기도 심각한 상태입니다.

산업쓰레기는 적절하게 처리하지 못할 경우 병균이 발

생하고, 중금속오염의 원인이 되므로 발생을 줄이고 다시 이용하도록 하여야 합니다.

식용유를 버릴 경우 물에 그냥 흘려버리거나 하수구에 그대로 버리게 되면 물 위에 뜨게 됩니다. 그러므로 결과적으로 물의 정화를 방해하게 됩니다. 따라서 휴지나 종이 행주로 기름을 닦아낸 후 물에 씻어내야 할 것입니다.

건전지의 경우 우리 나라는 한 해 동안 약 160만개가 수입된다고 합니다. 또한 수은 함량이 1.7그램이나 된다고 하니 토양오염의 위험이 높은 물질일뿐만 아니라 쓰레기 오염도 됩니다.

여러분은 공공시설을 이용하면서 어떤 생각을 하셨습니까?

철도, 고속도로, 국립공원 등 각종 공공시설을 이용해 본 사람이라면 누구나 더럽혀진 시설물에 짜증을 낸 적이 있을 겁니다. 전국을 뒤덮은 환경오염이 공공시설이라고 해서 예외는 아닐 것입니다.

공공시설물은 국민들이 생활하는 데에 쾌적함을 주기 위하여 세금으로 만든 시설물입니다. 그러나 공공시설의 주인인 국민들 스스로가 그 시설물을 더럽히고 있는 것입니다.

도로, 공원, 철도, 국•공립병원과 도서관, 시민회관, 상하수도, 체육시설 등 우리 주위에는 수많은 공공시설이 존재합니다. 그러나 그 시설물들이 이제는 환경오염의 원인이 되고 있습니다. 자기가 주인이라는 의식이 없음으로 인하여 공공시설이 더럽혀져가고 있는 것입니다. 하루에도 수백 톤씩 쏟아져 나오는 쓰레기는 먼지와 냄새로 대기오염의 원인이 되어 버렸습니다.

자연공원은 해마다 늘어나는 쓰레기로 뒤덮이고 있습니다.

고속도로 휴게소도 역시 마찬가지입니나. 매일 41톤 가량의 쓰레기가 쏟아져 나오고 있습니다.

프로야구가 열리는 서울 잠실야구장에서도 쓰레기 처리는 가장 커다란 골칫거리입니다. 12,000여명 정도의 관중이 모여드는 날이면 20톤의 빈 깡통과 비닐봉지들이 쌓이고 3만 명 정도의 관중이 모여드는 날이면 50톤 정도의 쓰레기가 생깁니다. 이를 처리하기 위하여 60여 명의 환경미화원이 고생을 한다고 합니다. 경기가 끝난 오후 10시부터 새벽 4시까지 쓰레기처리 작업을 벌이는 것입니다. 야구장은 사람이 모이면 모일수록 쓰레기양이 늘어만 갑니다.

쓰레기는 주로 자연공원, 휴게소, 철
도역, 야구장, 고속터미널 등 주로
공공시설에서 많이 버려져요.
쓰레기를 함부로
버려선 문화시민이
될 수 없어요.

철도역이나 고속터미널 등의 시설도 마찬가지입니다. 객차 안의 화장실에 빈 깡통이나 각종 비닐종류 등을 버리는 손님이 많다고 합니다. 이로 인한 열차 화장실에 카페트를 까는 식의 선진국 수준의 고급 서비스를 받는다는 것은 엄두도 내지 못하는 것입니다.

수세식 화장실은 달리는 열차에서 배설물을 공중에 뿌리는 방식으로 처리합니다. 1인당 평균적으로 50리터 정도 배설물이 발생하는데 문제는 비닐이나 깡통 등 분해할 수 없는 쓰레기들입니다.

공공시설이 일으키는 환경오염도 결코 지나칠 수 없습니다. 공공시설 오염문제에서 가장 중요한 것은 국민들의 공중의식입니다.

공항에서도 공항 전체가 담배를 피울 수 없는 금연 구역으로 되어 있음에도 사람들은 태연히 담배를 피워대고 있습니다. 근처에 휴지통을 놓고도 바닥에 쓰레기를 버리는 경우가 허다합니다.

결국 지구의 주인, 서울의 주인은 우리 자신들임을 명심하여야 합니다.

쓰레기오염으로 인해 스스로 피해자가 되는 어리석은 짓은 삼가해야 할 것입니다.

온실효과와 오존층 파괴

지구의 평균 기온은 점차 0.3~0.7℃(평균 0.5℃)씩 점점 상승합니다. 그 원인은 대기 중의 탄산가스 농도가 증가해서 일어나는 현상입니다.

태양열은 지구의 지표를 내리쬔 다음 반사되어 외계로 빠져나갑니다. 그러나 지구에서 배출된 탄산가스가 대기층에 두껍게 형성됨으로써 탄산가스의 막이 생깁니다. 그러므로 대기권 밖으로 나가려는 태양열의 일부를 막아버리게 되어 기온이 점점 올라가는 온실효과를 내게 되는 것입니다.

이러한 결과를 초래하는 탄산가스와 이 밖의 여러 가스의 배출은 기온이 날로 상승하는 원인이 되는 것입니다.

여러분은 도시 한가운데와 울창한 나무가 있는 숲속의 기온 차이를 느껴보았나요?

이 기온차는 평균 2~3℃라고 합니다. 이처럼 나무와 숲이 없어지는 것도 온도 상승의 한 요인이 되는 것입니다.

지구의 온도가 상승하면 극지방의 빙하가 녹습니다. 그렇게 되면 바다의 수면이 높아져 수백만 제곱킬로미터의 저지대가 바다 밑으로 잠기게 되는 비참한 사태가 발생합니다.

또 온대지방도 사막이 될 위험이 있습니다. 사하라사막도 처음에는 숲이 우거진 녹지대였다고 합니다. 그러나 그 지역의 기후가 온난화 현상으로 사막이 되었다고 합니다.

이렇듯 지구가 점점 더워진다는 것은 우리에게 커다란 위기로 가까이 다가오고 있습니다.

한편 오존층 파괴 문제도 매우 심각합니다.

오존층이란 지구의 대기층 위쪽 약 25킬로미터 상공에 형성되어 있는 오존이라는 가스층을 말합니다.

이 오존층은 지구상의 생물들에게 아주 중요한 역할을 해 줍니다.

사정없이 내리쬐는 자외선을 일단 차단해서 인간이 생활하거나 동식물이 성장하는데 알맞은 양만 통과시켜주기 때문입니다.

오존층이 파괴되면 자외선의 양이 증가하여 백내장과 피부암 환자가 늘어납니다. 또한 식물의 생장 발육에도 커다란 피해를 줍니다.

오존 1퍼센트가 줄어들면 지구 위로 쏟아지는 자외선의 양이 2퍼센트 늘어난다고 합니다.

오존층 파괴의 주범은 프레온 가스만이 아니고 소화기 재료로 사용되는 할론드라이크리닝제인 사염화탄소, 전자제품의 세척제품으로 사용되는 메틸클로로포름 등 20여 종입니다.

사람들에게 유용하게 쓰이는 이런 화학제품에는 한편으로 이렇게 위험한 독이 숨겨져 있다는 것을 우리 모두는 깨달아야 할 것입니다.

농약에 의한 오염

농약이란, 농촌에서 야채와 과일, 곡물류를 재배할 때, 해충과 잡초를 없애기 위해 사용하는 약품입니다.

도시에 살고 있는 사람들은, 우리 집은 농사를 짓지 않으니 상관없다고 생각할지 모릅니다. 그러나 우리가 아침 저녁 먹고 있는 음식물이 대부분 농촌에서 농민들이 수고하여 수확한 것들이며, 이 농작물을 재배할 때 꼭 사용해야 하는 것이 바로 이 농약입니다.

농약에 의한 오염은 장소를 떠난 전 국민의 건강과 직결되어 있습니다.

농약은 제2차 세계 대전 이후 공업이 발달하면서, 곡물의 대량 생산을 위해 만들어졌습니다.

농약을 치면 해충과, 곡물의 성장을 방해하는 잡초를 없애 주기 때문에, 곡물의 수확량이 늘게 됩니다.

그러나 농약 자체에는 인체에 매우 해로운 독성이 들어 있기 때문에 그것이 우리 몸에 그대로 흡수될 경우, 오늘날 가장 무서운 병의 하나인 각종 암에 걸릴 확률이 높습니다.

농약은 맨 처음 제2차 세계 대전 직후 독가스를 만들던

성분인 '파라티온' 이라는 살충제가 사용되었습니다. 그러나 파라티온에는 맹독성이 들어 있어 많은 부작용을 일으키기 때문에, 1971년에 그 사용이 전면 금지되었습니다.

요즈음 농촌에서 사용되고 있는 농약은 그 때의 농약보다 1000분의 1 정도로 독성이 적은 '말라티온' 이라는 농약이 사용되고 있습니다.

그러나 한쪽에서는 계속 독성이 강한 농약을 몰래 사용

하고 있습니다. 독성이 강한 농약일수록 해충이 잘 죽기 때문입니다.

그러한 농약은 해충이 잘 죽는 만큼 우리 몸에도 매우 해롭습니다.

요즘 독성이 약하다고 하는 모든 농약에도, 동물실험 결과에 따르면 암을 일으키는 성분이 들어 있다고 합니다.

우리 어린이들도, 수입 바나나에서 농약이 검출되었다는 이야기를 들었을 것입니다.

외국에서 들여오는 각종 농산물이나 육류, 식품 등에는 인체에 해로운 농약, 살균제, 방부제 등이 많이 들어 있어 건강에 좋지 않습니다.

먼 거리를 이동해야 하기 때문에 수입품에는 이러한 방부제와 살균제 등이 많이 들어 있는 것입니다.

우리 농촌에서도 농산물 가격이 매우 싸기 때문에 수확을 많이 늘려야 하는 문제가 있습니다. 그래서 농약을 많이 뿌려서 해충으로부터의 피해를 막으려고 하는 것입니다.

또한 옛날에는 사람들이 일일이 손으로 잡초를 뽑아 주었으나, 요즘은 인건비를 절약하기 위해 제초약을 사용하여 잡초를 없애고 있습니다.

이러한 농약의 사용은 여러 가지 큰 문제들을 만들어 냅니다.

첫째, 농약은 우리 인체에 흡수되어 각종 병을 일으킵니다.

아무리 독성이 약한 농약이라 할지라도 일단 우리의 몸에 흡수되면 암에 걸릴 확률이 30~60퍼센트나 높아집니다.

뿐만 아니라 이 농약이 몸 안에 쌓이게 되면 몸의 신경이 마비되어 모든 감각이 둔해집니다. 시력도 떨어지고, 맛을 알 수 있는 미각, 냄새를 맡는 후각 등 모든 능력이 떨어집니다. 심한 경우에는 온몸이 마비되는 현상도 보입니다.

둘째, 농약의 사용은 생태계의 먹이 질서를 깨뜨리게 됩니다.

농촌의 논과 밭에 사는 메뚜기, 나비, 잠자리, 매미, 귀뚜라미, 여치, 개똥벌레, 개미 등은 사람에게 이로운 곤충과 벌레들입니다. 논과 밭에 사는 해로운 곤충이나 벌레들을 잡아먹고 살며, 또한 과실나무나 원예 식물의 꽃가루를 옮겨 주어 열매를 잘 맺게 해 주기 때문입니다.

그런데 이러한 곤충과 벌레들이 논과 밭, 그리고 과수원

에서 끊임없이 뿌려대는 농약 때문에 계속 사라지거나 멸종되고 있습니다.

해충들의 천적인 이로운 곤충이 사라지면 해로운 곤충이 더욱 늘어나게 되어, 농민들은 농약을 더욱 사용하게 되는 악순환이 일어납니다. 결과적으로 생태계의 먹이 질서가 깨지게 되는 것입니다.

도시 근교에서도 이렇게 해로운 농약이 사용되고 있습

니다.

우리가 흔히 볼 수 있는 골프장 잔디밭에 농약이 사용됩니다.

골프장은 워낙 넓은 풀밭인데다가 그 주위의 산을 깎아 만들기 때문에, 골프장 주위의 마을은 토양오염, 수질오염, 산사태 등의 위험을 안고 살게 됩니다. 골프장이 건설되는 마을의 주민들이 반대 데모를 하는 것도 그런 이유 때문입니다.

현재 골프장에서 뿌려대고 있는 농약은 90여 가지나 된다고 하는데, 이것들은 대부분 인체에 해로운 것들입니다.

농약이 주는 가장 큰 피해 중의 하나가 골프장에서 일하는 여성들이 결혼하여 아기를 낳았을 때 기형아를 낳는 경우입니다.

이렇게 우리에게 끔찍한 피해를 주는 농약이 우리 몸에 흡수되는 방법은 여러 가지가 있습니다.

우리의 식탁 위에 올라오는 곡식이나 과일, 채소를 먹음으로 해서 흡수되는 것도 심각하지만, 더욱 큰 문제는 식수인 수돗물을 통해서 흡수된다는 사실입니다.

논이나 밭, 과수원, 골프장에 뿌려진 농약은 비가 오게

되면, 빗물에 씻겨 내려가 흙이나 물 속으로 스며들게 됩니다. 흙 속에 스며든 농약은 흙의 화학 변화와 함께 흙의 미생물에 의해 분해됩니다.

그러나 농약이 모두 분해되어 없어지는 데에는 10년이 넘는 시간이 걸려야 합니다.

그래서 그 동안 분해되지 않은 농약은 식수인 상수도로 흘러들어 우리 몸에 그대로 흡수됩니다.

농약은 또한 흙의 질을 나쁘게 합니다. 흙 속에 있는 각종 미생물과 지렁이, 땅강아지 등을 죽이거나 줄어들게 하므로, 흙의 물질 대사 능력뿐만 아니라 식물에게 필요한 풍부한 무기질도 없어지게 됩니다.

또한 직접 농약을 뿌리는 사람들은 농약 중독에 걸려, 두통 및 피부 습진으로 고통을 당하거나 심한 경우, 숨지게 됩니다.

또, 강으로 흘러든 농약은 증발되어, 다시 인체에 해로운 비로 내리게 됩니다.

이처럼 눈앞의 이익인 많은 수확물을 위한 사람들의 행동은 더 큰 해로운 결과로 인류 전체에게 되돌아오게 되는 것입니다.

따라서 농촌에서는 될 수 있는 대로 인체에 덜 해로운 농약을 적게 사용하도록 해야 하며, 우리들은 채소는 여러 번 잘 씻어 먹고 과일 등은 꼭 껍질을 벗긴 후에 먹어야겠습니다.

인스턴트 식품과 식품 첨가물

요즈음 어린이들이 좋아하는 음식에는 무엇들이 있을까요?

한국 갤럽 설문 조사에 의하여 우리 나라 어린들이 가장 좋아하는 음식으로, 햄버거와 짜장면을 꼽았다고 합니다.

햄버거, 소시지, 아이스크림, 초콜릿, 케이크, 라면 등은 대부분의 어린이들이 좋아합니다.

그런데 어린이들이 좋아하는 인스턴트 식품들이 각종 식품 첨가물로 오염된 식품들이어서, 건강에 나쁜 영향을 주는 것이라면 어떻게 해야 할까요?

원래 음식이란 몸의 건강을 유지하기 위해 먹는 것입니다.

때문에 제철에 나오는 야채와 곡류 및 과일과 육류를 균형있게 섭취해야 합니다.

우리 나라의 고유 음식으로는 쌀 하나로도 매우 다양한 음식물을 만들 수 있습니다. 밥, 떡, 약식, 약과, 강정, 식혜 등 그 만드는 방법에 따라 여러 모양과 맛의 음식이 됩니다.

그러나 요즘 어린이들은 이런 음식물을 간식으로 잘 먹

지 않습니다. 대부분 서양에서 들여온 청량 음료와 당분이 많은 아이스크림과 초콜릿, 케이크 등의 인공으로 만든 인스턴트 식품을 좋아합니다.

이러한 인스턴트 식품은 영양의 불균형을 낳게 하여 우리 어린이들도 각종 성인병을 앓게 되었습니다.

어린이가 어른들이나 걸리는 질병인 당뇨병, 암, 소아비만증, 정신 분열증 등에 걸리는 것은, 이러한 각종 인스턴트 식품을 먹는 데에 그 원인이 있다고 전문가들은 말하고 있습니다.

가공 식품을 많이 먹게 되면, 뇌신경이 자극을 너무 많이 받게 되어 성격도 폭력적이 되고 도전성을 띠게 된다고 합니다.

그러면 인스턴트 식품에는 왜 이렇게 인체에 나쁜 성분이 많이 들어가야 하며, 직접적으로 어떤 영향을 끼치는 것일까요.

첫째, 인스턴트 식품은 유통 과정 중에서 그럴 수밖에 없는 문제가 생기게 됩니다.

각 가정에서 만들게 되면, 즉석에서 만들어서 먹거나 하루나 이틀 정도 냉장고에 신선하게 보관했다 먹습니다.

그러나 판매를 위한 음식은 유통 중에 상하거나 변질되

유통과정중 변질을 막기위해 방부제 첨가

암발생, 소화기관, 대사장애, 간염, 간경화

합성 조미료 첨가

얼굴이 굳어지며 가슴압박, 온몸이 굳어진다

는 것을 막기 위해 방부제를 넣게 됩니다. 방부제가 우리의 몸에 얼마나 나쁜가는 이미 각종 보고서에 나와 있습니다.

방부제는 몸 안의 세포에 독성을 끼쳐 유전자 변이 등을 통해 암을 일으킵니다.

청량 음료나 간장 등에 사용되는 방부제는 소화기관에 대사 장애를 일으키는 성분입니다.

또한 몸 안에서 변화를 일으켜 활기를 저하시키며, 간염, 간경화 등을 일으키게 합니다.

기름에 튀긴 식품인 라면, 버터 등의 변질을 막거나 늦추어 주는 산화 방지제도 이러한 발암 물질입니다.

둘째, 인스턴트 식품은 맛을 좋게 하기 위해 합성 조미료를 사용하게 됩니다.

원래 음식물은 조리 방법과 재료에 의해 맛을 내야 합니다.

그러나 그렇게 하려면 조리하는 시간과 정성, 재료를 사야 하는 비용이 들어야 합니다. 그래서 간단하게 맛만 내기 위한 방법이 개발되었는데, 이것이 바로 인공 합성 화학 조미료입니다.

그러나 조미료의 주성분인 글루타민산 나트륨을 음식에

넣어 먹게 되면, 얼굴이 굳어지며 가슴에 압박감이 오고 또 온 몸이 굳어지기도 하며 불쾌감이 일어납니다.

이러한 증상을 '중국 음식 증후군' 이라고도 하는 데, 화학 조미료를 많이 사용하는 중국 음식을 먹으면 나타나는 증상이기 때문에 그렇게 부르고 있습니다.

국제 소비자 기구에서는 국제 식량의 날인 10월 16일을 '화학 조미료 안 먹는 날' 로 제정 선포하여, 우리 나라에서도 그 운동을 실행하고 있습니다.

이처럼 각종 인스턴트 식품에는, 합성 조미료가 들어 있지 않은 경우가 거의 없습니다.

셋째, 인스턴트 식품에는 각종 향신료와 착색료가 들어 있습니다.

예를 들어, '바나나 우유' 를 가정에서 만든다면, 바나나를 믹서에 갈아 우유에 타서 만들 것입니다. 그러나 인스턴트 식품은 우유에 바나나 향과 맛이 나는 향신료를 넣고 바나나 색깔이 나는 착색료를 넣습니다.

이러한 인공 색소 및 향신료는 거의 모든 인스턴트 식품에 널리 사용되고 있습니다.

현재 국내에서 사용되고 있는 합성 발색제 및 식용 색소는 30여 종이나 된다고 합니다.

식용 색소 가운데 독성이 강한 것은 국가에서 사용을 금지시키고 있습니다.

특히 어린이들이 좋아하는 햄, 베이컨, 소시지 등에 색을 선명하게 내기 위해 사용되고 있는 아질산나트륨이라는 발색제는 단백질과 결합하여 암, 빈혈증, 구토, 호흡곤란 등을 일으키는 물질을 만들어 냅니다.

또한 합성 색소인 적색 3호는 간암을 일으킬 가능성이 있다고 합니다.

넷째, 표백제와 살균제의 사용을 들 수 있습니다.

우리들이 즐겨 먹는 빵은 대부분 표백제가 들어 있는 것입니다.

우선 밀가루에서부터 맥분 표백제를 사용하여 흰밀가루를 만들어 냅니다. 표백제는 살균 소독 효과도 있기 때문에 인스턴트 식품에 널리 사용되고 있습니다.

그러나 이들 표백제 및 살균제는 비타민을 파괴하며, 식품의 소화를 돕는 장의 좋은 세균까지 죽이는 작용을 한

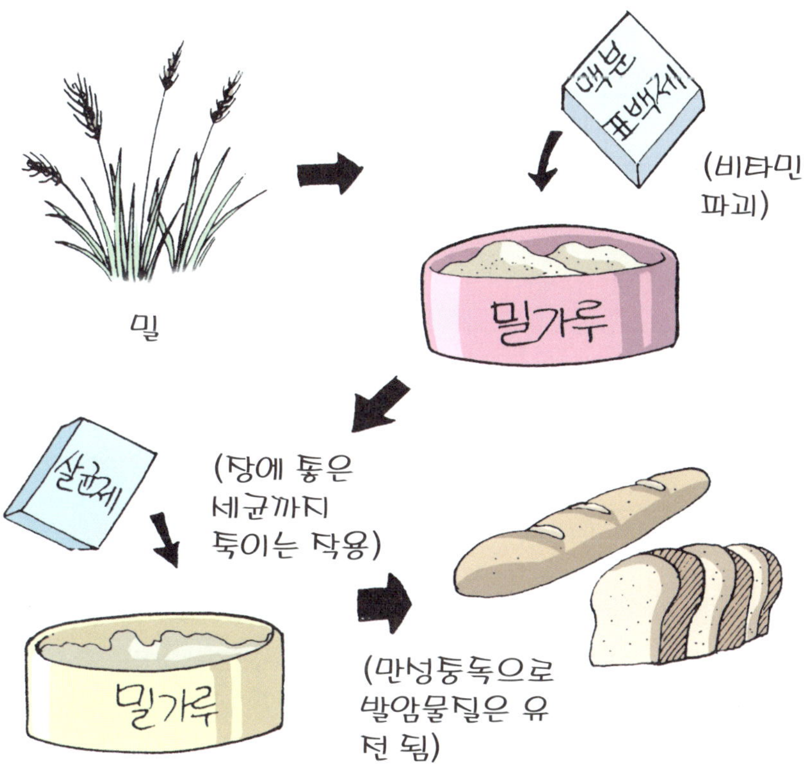

다고 보고되고 있습니다.

이러한 식품 첨가물이 몸 속에 자꾸 쌓이면 만성중독을 일으키며, 발암 물질은 자손에게까지 유전된다고 합니다.

따라서 우리는 인공 합성 첨가물에 오염된 식품이 아닌, 자연의 색과 맛 , 향을 갖고 있는 자연 식품을 먹고 마시도록 해야 할 것입니다.

될 수 있으면 친구들과 함께 인스턴트 가공 식품을 피하고 어머니께서 정성스럽게 만들어 주신 자연식품을 먹도록 해야겠습니다.

핵 폐기물

지구가 형성되고 난 뒤, 인류의 손에 의해 만들어진 가장 위험한 환경오염 물질이 있습니다.

바로 핵 폐기물입니다.

핵 폐기물은 원자력 발전소에서 에너지를 모두 사용하고 난 뒤, 찌꺼기 및 빈 드럼통 등을 말합니다.

핵 에너지가 옳게 쓰일 때는 인류의 문화 발전에 큰 공헌을 합니다.

그러나 에너지를 사용하고 난 그 찌꺼기인 핵 폐기물은 인체에 몹시 해롭습니다.

게다가 핵 폐기물은 사람으로부터 완전히 격리되어 300년에서 10만 년 동안 지나야만 인체에 해롭지 않은 상태로 변화됩니다.

현재까지 세계 어느 나라에서도 이러한 핵 폐기물을 처리할 수 있는 능력과 방법을 갖추지 못했다고 하니, 문제는 매우 심각합니다.

방사성 물질이 방사선을 내는 성질을 방사능이라고 하는데, 원자력 발전은 우라늄의 방사능 원소를 다른 원소로 바꾸는 것에 의해 막대한 에너지를 끄집어내는 방법입니다.

방사능은, 불안정한 원소의 원자핵이 스스로 무너지면서 그 내부로부터 알파(α)선, 베타(β)선, 감마(γ)선을 내뿜는 것을 말합니다.

잘못하여 사람이 직접 방사선에 닿게 되면, 생물체의 분자 구조를 변화시키기 때문에 세포에 치명적인 피해가 있게 됩니다.

만약 세포가 분화할 때, 방사선에 닿으면, 그 생물체의 태내 생물은 기형으로 태어나서 대부분 태어나자마자 죽

〈방사능에 노출되었을때의 증세와 병〉

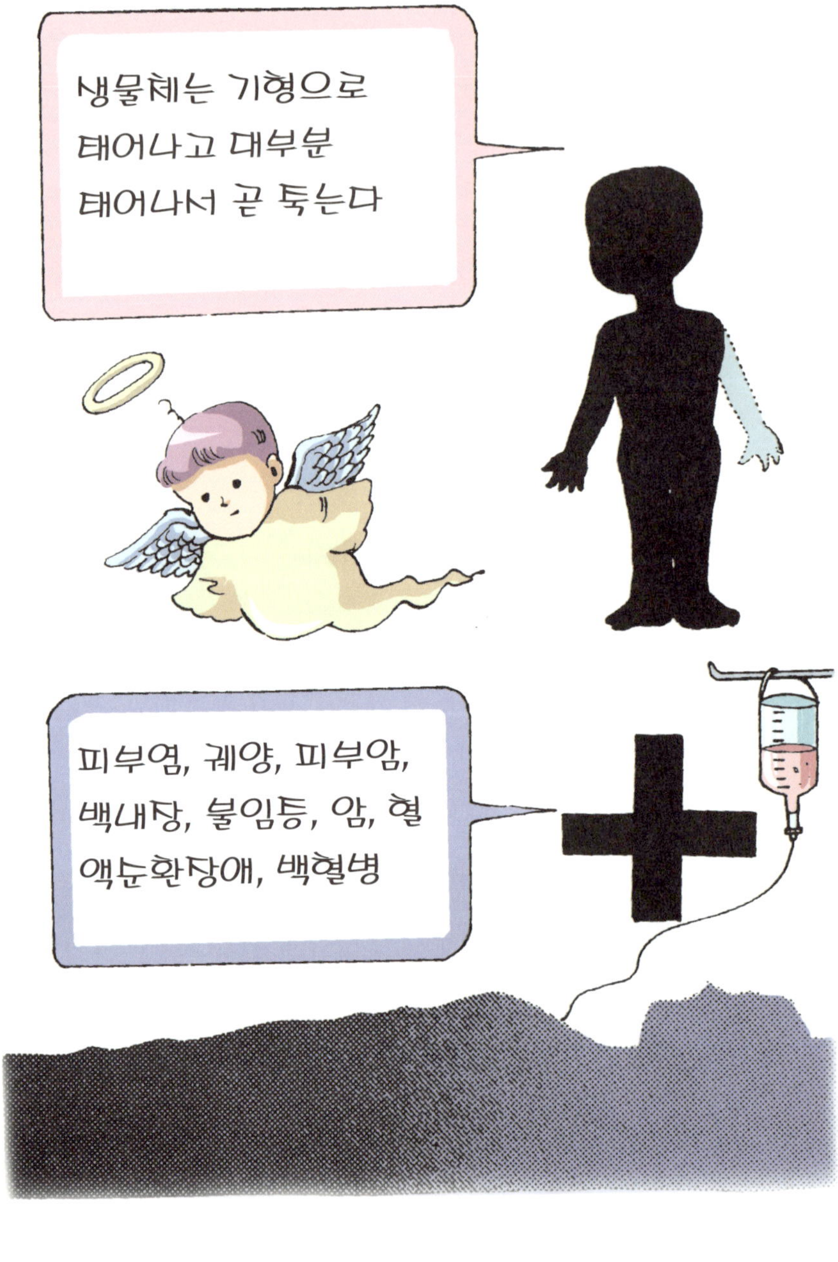

게 됩니다.

그런데 핵 폐기물에서는 사람에게 치명적인 방사선이 나오는 것입니다.

방사능은 그 주변에서 약간만 닿게 되어도 그 증세가 매우 심각합니다.

방사능을 처음 연구 개발한 퀴리 부인도 오랫동안 방사능을 가까이하여 혈액암인 백혈병으로 죽었던 것입니다.

그래서 지금도 방사능 의료 기관에서 일하는 종사자들의 경우에도 피부에 약간씩만 닿게 되어도 피부염, 흉터 등이 생기고, 궤양, 피부암, 백내상, 불임증 등이 생기게 됩니다.

또한 암 이외에도 혈액 순환, 장애, 신장 경화증 등으로 인해 수명이 짧아집니다. 그리고 그들 종사자의 자녀들은 백혈병에 걸릴 가능성이 보통의 다른 아이들보다 6~8배까지 높다고 합니다.

우리 나라의 영광 원자력 발전소에서 여러 해 동안 일한 어느 부인은 1988년과 1989년에 뇌가 없는 죽은 아이를 낳았다고 1989년 7월에 보도된 적이 있습니다.

오염된 방사선 방호복을 세탁하는 일을 했던 어떤 사람은 하체 마비 증상과 전신 무력감 등의 증세를 보였습니다.

체르노빌 원자력 발전소가 폭발한 소련에서는 그 사건이 일어난 지 4년이 지났는데도, 그 사고 장소 부근에서 최근 3년 동안 태어난 어린아이들 가운데 한쪽 팔이나 다리가 없는 기형아가 30여 명이나 태어났으며 그들은 모두 죽었다고 합니다.

그래서 미국에는 국민 여론과 의회의 반대 때문에 국내에 원전 건설을 하지 못하고 있습니다.

또한 원전이 건설되어 있는 나라에서도 국민들의 심한 반대 때문에 원자력 발전소를 가동하지 못하고 있는 형편입니다.

우리 나라에는 현재 23개의 원자력 발전소가 가동중에 있습니다.

이 곳 23개의 원전에서는 해마다 어마어마한 양의 드럼식 방사성 폐기물이 나오고 있습니다.

그래서 방사성 폐기물 처분장 건설이 급한 실정입니다.

우리 나라에 이렇게 원자력 발전소가 많은 것은, 방사능의 원료인 우라늄이 풍부하고 반면에 천연 에너지 자원이 부족하며, 에너지 발전 원가가, 원자력 에너지가 가장 싸기 때문입니다.

현재 원자력 에너지가 의존하는 원전비중은 전체 발전량의 36퍼센트입니다. 한국 전력의 계획에 따르면 원전비중을 33퍼센트로 줄여 나갈 계획이라고 합니다. 값싸게 에너지를 사용할 수 있는 반면에 그에 따르는 위험도가 너무나 크기 때문입니다.

만약 우리가 여름철에 전력을 너무 낭비하여 전력 소비량이 많아진다면, 나라에서는 원자력 발전소를 더욱 많이 건설하여야 할지도 모릅니다.

따라서 우리의 작은 절전이 모아질 때 원자력 발전소도 더욱 줄어들게 되고, 핵 폐기물의 위험도 줄어들게 됩니다.

우리의 무절제한 과소비는 우리에게 좋지 않은 결과로 되돌아온다는 것을 항상 기억해야 할 것입니다.

핵 폐기물 이상으로 우리에게 해를 끼치는 것으로 핵무기가 있습니다.

세계 선진국들은 국방력을 강화하기 위하여 지금도 열심히 핵폭탄을 만들어 내고 있습니다.

세계의 과학자들이 처음 방사능을 발견하고 열심히 땀흘려 연구를 계속했던 것은 그 물질이 인간의 행복을 위해 쓰여지길 바라는 마음에서였습니다.

그러나 맨 처음 실제로 인간에게 사용된 것은 인간의 행복을 위한 도구로서가 아니었습니다. 그것은 한꺼번에 수많은 사람을 죽이기 위한 무서운 무기인 원자 폭탄이라는 것으로 사용되었습니다.

제2차 세계 대전 때의 미국이 일본의 히로시마와 나가사

키에 떨어뜨려 단번에 항복을 받아내고 전쟁을 끝내게 한 이 원자 폭탄은 처음의 실험실에서부터 공격용 무기로 사용할 것을 목적으로 개발된 것입니다.

그 날 떨어뜨린 원자 폭탄의 위력은 세계의 모든 사람들을 깜짝 놀라게 했습니다.

그 참상이란 눈뜨고 볼 수 없을 정도였다고 합니다.

원자 폭탄이 떨어진 히로시마와 나가사키는 그 즉시로 도시 전체가 폐허가 되었습니다.

그 당시 히로시마의 인구는 32만 여 명이었는데, 그 중 20만 명이 목숨을 잃었으며 나머지 살아남은 10만 여 명도 대부분 치료가 되지 않는 심한 상처를 입어, 평생 불치의 병으로 고통 속에서 살게 되었습니다.

그 당시 징용으로 끌려간 우리 나라 사람들도 그러한 피해를 입고 수십 년이 지난 지금까지도 백혈병, 폐암 등의 방사선 후유증으로 고생하며 죽어 가고 있습니다. 살아남은 사람들은 아무런 피해 보상도 받지 못한 채, 고통 속에서 지내고 있습니다.

방사선에 조금이라도 쪼였던 사람들은 그 영향이 자식에게 유전되기도 합니다. 때문에 원자 폭탄으로 생긴 피해는 지금도 계속되고 있다고 할 수 있습니다.

원자 폭탄은 사람과 건물만 파괴하는 것이 아니라, 식물과 땅을 모두 오염시키며 오존층을 파괴합니다.

따라서 생태계와 먹이 사슬 전체에 이상이 생기게 됩니다.

현재 미국과 소련이 가지고 있는 핵무기는 제2차 세계대전 때 히로시마에 떨어진 원 폭탄의 27배나 넘는 파괴력의 것으로 4만 여 개가 있다고 합니다.

이런 핵무기를 세계 곳곳에서는 '세계평화를 지키기 위해서' 라는 핑계를 대어 계속 만들어 내고 있으니 정말 무서운 일입니다.

얼마 전 미국에서는 '누가 존 웨인을 죽였는가' 라는 제목의 책이 발행되어 많은 화제를 모았습니다. 그 내용은 핵의 무서움을 이야기한 책입니다.

존 웨인은 미국의 유명한 영화 배우였습니다.

1954년 당시 존 웨인은 다른 배우들과 함께 유타주 세인트조지 모래 언덕에서 '정복자' 라는 영화를 찍었습니다.

그런데 그 뒤 25년이 지난 다음, 함께 영화를 찍었던 영화 배우 존 웨인, 수잔 헤이워드, 아그네스 무어헤드와 영화 감독이 암으로 죽었습니다. 그리고 그 곳에서 함께 영화를 찍었던 200여 명 가운데 90여 명이 암에 걸리고 그 중 절반이 죽었습니다.

그 이유가 밝혀졌는데, 영화를 찍을 때 그 장소에서 약 241킬로미터 떨어진 네바다 주에서 핵실험을 했다는 것입니다.

영화 배우들은 함께 모래 언덕에서 석 달 동안 방사성 분진을 마시며 영화를 찍었는데, 그것이 암의 원인으로 직접 작용되었던 것입니다.

이처럼 원자핵의 파괴력은 엄청나게 크고 지속적입니다. 따라서 어떤 이유로라도 핵무기의 사용은 금지되어야겠습니다.

만약 핵무기를 만들어 내기 위해 쓰여지는 비용의 일부라도 이 지구 위의 가난한 사람, 병든 사람들을 위해 쓰여진다면, 초록별인 우리의 지구는 정말 아름답고 평화로우며 살기 좋은 지구촌이 될 것입니다.

숨쉬고 싶은 지구

(영국 템즈강의 기적)

영국의 템즈강

영국의 템즈강은 런던을 거쳐 북해로 흘러드는 하천으로, 우리 나라의 한강과 같이 런던의 도시 발달에 중요한 영향을 주었다. 템즈강은 19세기 초까지만 해도 여러 종류의 담수어가 살고 있던 깨끗한 하천이었으나, 산업 혁명과 세계 대전을 거치면서 급속한 산업 발달과 인구의 증가로 심각하게 오염되어, '죽음의 강'이라 불리게 되었다. 그러나 시민들의 요구와 함께 정부가 시민들에게 깨끗한 물을 공급하는 것을 그들의 의무로 여겨 적극적으로 수질 개선 정책을 실시한 결과, 지금은 세계에서 가장 깨끗한 도시 하천 중 하나로 개선된 사례이다.

18세기말부터 템즈강의 지류는 오염되기 시작하였는데, 부분적으로 하수처리장을 설치한 결과 어느 정도 수질이 개선되었다. 그러나 19세기 전반에 대영제국은 세계 교역량의 1/3을 담당하게 될 정도로 산업이 발달하게 되었고, 철강 화학 석탄 방직 산업 등의 발달로 많은 양의 산업 폐수가 템즈강으로 배출되어 심각한 오염원이 되었다.
산업의 발달과 더불어 런던의 도시화는 급속한 인구 증가를 가져왔고, 이로 인한 생활 하수의 대량 방출이 더욱 오염을 가중시켰다. 게다가 고온 건조한 런던의 기후는 하수 오염으로 인한 악취를 런던 전역에 퍼지게 했다. 또한 수인성 전염병이 유행하게 되어 1830년부터 1866년까지 여러 차례에 걸쳐 콜레라가 발생했고, 1854년에는 2만명 정도가 사망하게 되었다. 특히 템즈강으로부터 직접 식수를 얻고 있던 가난한 사람들이 피해를 많이 입게 되었다.

세계 대전 이후 런던의 도시화가 급속도로 진행됨에 따라 산업 폐수와 생활하수도 증가하게 되었고, 1950년경에는 템즈강의 오염 현황이 최악의 상태가 되었다. 오염된 템즈강을 구하기 위해 런던 의회에서는 악취가 나지 않는 물을 런던 시민들에게 공급하는 것을 급선무로 여겨 여러 조치들을 취하게 되었고, 이것이 수질 개선의 계기가 되었다. 아울러 과학자와 전문가들이 강의 수질 변화를 연구하여 그 대안을 마련하기도 했다. 영국 정부는 1961년에 하천에 오물과 쓰레기를 버리는 것을 금지하고, 1963년에는 수자원법을 제정하여 각 지역별로 하천 관리 전담 부서를 설치하였다. 1970년대에는 세계 최초로 공해 문제와 환경부문제를 전담할 환경부를 설치했으며, '왕립위원회'를 구성하여 상기적으로 수질 오염을 방지할 수 있는 방안들을 건의하고 예산도 확보했다. 또한 용존 산소량을 기준으로 강물의 질을 측정하여 어느 곳에서도 양질의 수질을 유지하도록 모니터링하는 조치도 마련하였다.

이와 같이 영국에서는 의회가 시민들에게 깨끗한 물을 공급하는 것을 의무로 여겨서 적극적으로 환경 관련 법안을 정비하고, 하수 처리장을 늘려 하수를 관리함으로써 템즈강의 수질을 개선시킨 것이다.

환경오염으로 인한 질병

직업병이란 무엇인가?

현대사회는 여러 가지 질병 속에 무방비 상태로 놓여 있습니다.

급격한 산업의 발전으로 생활이 편리하고 풍족해졌지만 그에 따른 부작용도 심합니다. 그런 부작용의 하나로 나타난 것이 바로 직업병입니다.

직업병은 불결한 작업장과 안전대책이 없는 시설속에서 나타납니다.

직업병은 직업이 직접적인 원인이 되어 발생하는 병과 그 병으로 인하여 걸리는 합병증 그리고 치료 도중에 걸리는 모든 병을 포함합니다.

원인이 되는 물질은 수은 • 납 • 크롬 • 톨루엔 • 이황화탄소 등입니다. 전국적으로 많은 노동자들이 이런 물질에 중독되어 고통을 받고 있습니다. 그럼에도 불구하고 직업병이 있는 노동자의 수는 해마다 늘어나는 추세를 보입니다.

직업병의 결과는 죽음과 식물인간 상태 등 노동자의 생명에 결정적으로 지장을 주는 것입니다.

직업병에 영향을 미치는 물질과 증상은 어떤 것이 있을까요? 함께 알아봅시다.

수은

피부에 직접 붙어서 피부염을 일으키기도 하고 침입하는 방향에 따라서 호흡기 또는 소화기에도 커다란 장애를 일으킵니다.

증상이 천천히 나타날 때는 주로 신경 계통에 침입하여 보고 듣고 말하는 데에 지장을 주기도 하고, 팔 다리의 끝•입술•혀 등이 까칠까칠해지고 찌릿찌릿함을 느끼기도 합니다.

그러나 증상이 심하면 혼수상태에 빠지게 되어 4~7주가 지나는 동안 사망합니다.

톨루엔

뇌세포의 지방질 파괴 현상으로 두통, 기억력 감퇴, 악몽, 불면증이 생깁니다. 증세가 심해지면 말더듬•손떨림 등의 알콜 중독자와 비슷한 증상을 보이고 정신이상자와 같은 행동을 합니다.

크롬

병의 이름은 크롬궤양입니다.

주로 크롬과 접촉한 부분에 발생하며 입이나 코를 통한 흡입에 의하여 코의 점막에 커다란 이상을 가져올 수 있습니다.

크롬궤양에 걸리면 폐암의 발생이 보통 사람에 비해 13~31배나 된다고 합니다. 증상이 심할 때는 위장 통증이 나타나고 소변을 볼 수도 없습니다.

이황화탄소

증기를 쐬면 코의 점막을 자극하고 두통 • 어지럼증 • 식욕부진 • 구토 • 흥분 • 발작 • 시력장애 등이 나타납니다.

증상이 천천히 나타날 때는 정신 신경 계통으로 뇌신경 마비 • 시신경 위축 • 환각현상 • 공포증을 보입니다. 혈액 내에서는 백혈구의 이상과 빈혈이 오게 됩니다.

먼지

진폐증을 일으킵니다.

코의 점막에 질환이 생기고 알레르기를 유발합니다. 이황화탄소와 같이 흡입할 경우 몸에 더욱 해롭습니다.

안티몬

가벼운 증상일 경우 계속해서 몸이 쇠약해지고 마침내는 혼수상태에 빠집니다. 또 팔 다리가 떨리고 복통 • 구토 • 설사가 따릅니다.

수은	피부염, 호흡기장애, 소화기장애 등
톨루엔	두통, 기억력감퇴, 불면증, 말더듬 등
크롬	코의 점막에 이상증세 등
이황화탄소	뇌신경마비, 시신경위축, 환각현상 등
먼지	코의 점막에 질환, 알레르기 등
안티몬	팔 다리 떨림, 복통, 구토, 설사 등

위에서와 같은 직업병은 돈 버는 것만 중요시하는 공장 주인과 건강에 신경쓸 틈이 없는 노동자들에게 있습니다.

노동자들이 직업병에 걸리지 않도록 하는 일은 매우 중요합니다. 무엇보다도 급한 일은 청결하고 쾌적한 작업환경을 유지해 나가는 일입니다.

직업병이 더욱 늘어가는 원인은 무엇일까요? 직업병의 증가 원인을 함께 알아보도록 합시다.

첫째, 직업병 예방을 위한 교육이 이루어지지 않고 있습니다.

현행법에는 몸에 해로운 물질을 사용할 경우 반드시 표시를 하게 되어 있습니다. 또 작업환경으로부터 비롯되는 피해에 관하여 교육을 하도록 되어 있기도 합니다. 그러나 이를 제대로 지키는 공장은 드물고 또한 자신이 속해 있는 공장의 환경이 얼마나 오염되었고 비위생적인지도 모릅니다. 그러므로 직업병에 걸릴 가능성이 많아지는 것입니다.

둘째, 건강진단이 제대로 이루어지지 않고 있습니다.

직업병은 대한 산업 보건 협회에서 담당하고 있습니다. 그러나 담당 기관에서 직업병을 진단할만한 인력이나 시설을 갖추지 못하고 있습니다. 그러므로 몸이 불편하고,

어떤 이상이 생겼어도 병명조차 모르는 실정입니다.

셋째, 의사들의 직업병에 대한 관심이 부족합니다.

직업병은 대부분 노동자의 직업과 관련하여 생각하면 쉽게 진단을 내릴 수 있습니다. 그러나 제 때에 진단과 치료를 받지 못하기 때문에 고통이 심해지고 병만 깊어지는 것입니다.

이렇게 무서운 직업병을 막기 위해서는 어떻게 해야 할까요?

더 많은 직업병 환자들이 나타나는 것을 막기 위해서는 작업현장을 깨끗이 해야 합니다. 그리고 쾌적한 환경에서 안전교육을 철저히 하고 정기적인 건강진단을 받아야 합니다.

공해는 넓은 지역의 주민이 겪는 문제이지만 직업병은 좁은 작업장 안에서 겪는 문제라는 차이 때문에 많은 사람들이 소홀히 여깁니다.

모든 사람에게는 쾌적한 환경에서 생활할 권리가 있습니다. 그러므로 안전한 작업장에서 일을 해야 하는 권리도 있습니다. 그러나 무엇보다도 중요한 것은 피해를 입는 노동자들 스스로가 직업병 문제의 심각성을 느껴야 한다는 것입니다. 그래야만 직업병의 공포에서 벗어날 수 있습니다.

쾌적하고 안전한 작업환경과 건강진단은 산업화된 우리 사회에서 직업병을 예방할 수 있는 필요 사항임을 알아야 하겠습니다.

환경오염으로 인한 것, 혹은 산업재해로 나타난 세계적인 직업병과 사건들을 살펴보겠습니다.

미나마타 병

1956년 4월 일본의 해안도시인 미나마타시에서 있었던 일입니다.

미나마타시의 신일본 질소공장 부속병원 소아과에서 뇌를 다친 6세 어린이가 검사를 받고 있었습니다. 그리고 같은 증상의 3세 어린이에게도 발견되었습니다. 병원에서는 여지껏 이런 증세가 없었으므로 병명과 원인을 알아보기 위해 연구를 시작했습니다.

일단 질소공장 부속병원에 입원한 환자 8명을 일본 뇌염으로 처리한 뒤 다른 환자와 분리시켰습니다. 그리고 구마모토 대학 의학부에 원인을 밝히기 위해 도움을 청했습니다. 이를 계기로 전세계적으로 공해 역사상 커다란 직업병 사건으로 알려지게 된 것입니다.

다음은 1차 의학보고서에서 내린 결론입니다.

이 증상은 여태까지 보고되지 않은 특이한 증상으로 1953년에도 이런 증상을 가진 환자가 같은 병원에서 검사받은 적은 있었습니다.

미나마타만의 생선을 주식으로 하는 어부와 그의 가족에게서 일어나는 증상이었습니다.

원인은 주로 조개나 물고기의 오염으로 생기는 것이며 전염성은 전혀 없다는 것이었습니다.

그러나 계속 연구한 결과는 달랐습니다.

연구반은 바닷물과 공장폐수 및 쌓인 흙 등을 채취하여 분석하였고 이미 죽은 사람도 해부해 보았습니다. 다양한 조사를 거친 뒤 병의 원인을 밝힐 수 있게 되었습니다.

원인은 어떤 종류의 중금속이 사람의 몸 속에 들어온 것으로 질소공장의 폐수가 의심스럽다고 밝혔습니다.

그 당시 미나마타 병의 피해는 심각하게 진행되었습니다.

1956년에는 이미 56명의 희생자가 발생하였고, 그 원인을 분석한 결과 질소공장의 폐수 중 몇가지 중금속이 희생자의 신체에 포함되어 있음이 확인되었습니다.

더 이상의 피해를 줄이기 위해서는 고기잡는 일을 중단하고 폐수에 대한 적절한 조치가 마련되었어야 했습니다. 그러나 당연히 취해졌어야 할 이러한 조치들은 하나도 실시되지 않았습니다. 왜냐하면 그 당시의 상황에서 누구도 공해에 대해 심각하게 생각하지 않았고 그에 대한 지식도 없었기 때문입니다. 이렇듯 사전 지식이 없었으므로 그 누구도 그 엄청난 불행한 결과를 예측하지 못했던 것입니다.

사건의 내용을 알아봅시다.

미나마타 병의 조짐은 훨씬 이전에도 나타났다고 합니다.

1950년대는 바다 위에 죽은 물고기가 떠오르고 물풀과 조개류가 모조리 죽었습니다.

1952년에는 까마귀가 날다가 떨어지고 힘 없는 문어와 거북이 등이 손으로도 잡히는 일이 자주 있었다고 합니다.

1953년부터는 육지에서 고양이, 개, 돼지 등이 미치거나 죽는 일이 일어났습니다. 특히 고양이가 술취한 것처럼 춤을 추다가 졸도하거나 죽는 충격적인 일이 벌어지기

도 했습니다. 주민들은 이런 현상들을 보고 고양이춤병이라고 했습니다.

환자들도 자꾸만 늘어갔습니다.

구마모토 대학의 연구반들은 질소공장폐수의 중금속에 강한 의심을 두고 다양한 조사를 하였습니다. 그리고 모든 상황을 종합하여 질소공장폐수와의 관련을 밝혀냈습니다.

1958년 9월에는 미나마타 병의 증상이 외국의 메틸수은 공장에서 일하는 노동자의 중독 현상과 일치한다는 사실을 확인하게 되었습니다.

환자 발생 후 4년만에 원인 물질의 꼬리를 잡은 것입니다.

이를 계기로 메틸수은을 중심으로 한 조사가 활발하게 진행되었습니다.

메틸수은을 고양이에게 실험한 결과 미나마타 병의 증상과 같은 결과를 얻었습니다.

1962년에는 미나마타 병 환자의 121명 가운데 46명이 사망했습니다. 또한 미나마타만 해안지역에서는 선천성 백치 아기들이 태어났습니다.

선천성 미나마타 병은 태아 미나마타 병으로 유기수은이 엄마를 통하여 태아에게 영향을 끼치는 것입니다. 그러므로 기형아가 태어나는 것입니다.

미나마타 병의 심각성을 깨닫게 되자 공해 반대를 위한 시민운동으로 널리 확대되었습니다.

미나마타 병은 수많은 사람의 목숨과 재산을 빼앗아갔습니다. 또한 환경의 피해를 가져다주기도 하였습니다.

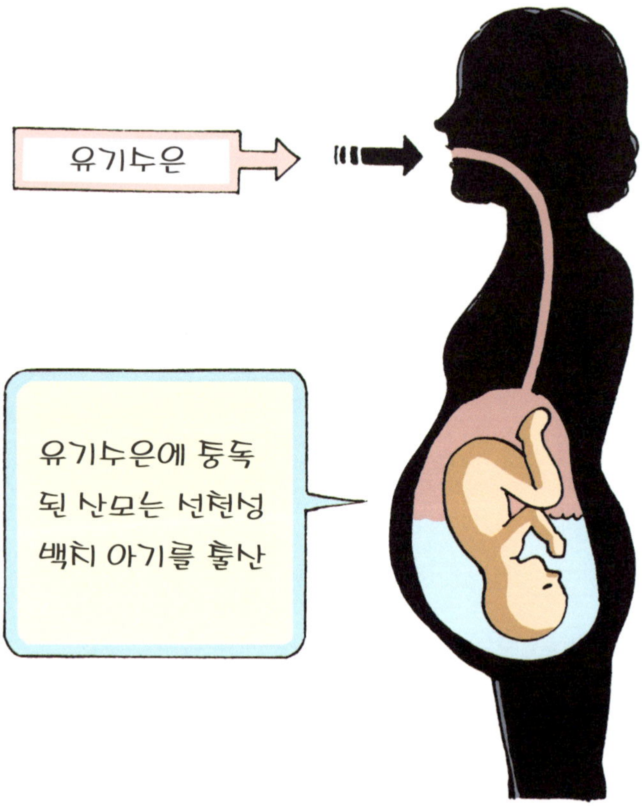

이 불행한 사건이 우리에게 준 교훈은 무엇일까요“

첫째, 공해문제에는 미리 예방을 하는 것이 최선의 방법이라는 것입니다.

주위에 공장지대가 있는 사람들은 정기적으로 진단을 받도록 해야 합니다.

혹시 조금이라도 건강에 이상을 느꼈을 때는 이미 심각한 위험이 도사리고 있음을 알고 빨리 병원에 가야 합니다.

둘째, 공장의 폐수를 정화시키지 않고 그냥 버릴 경우 인근 주민에게 피해를 줄 수 있습니다. 이럴때는 공해의 원인이 무엇인지 확인하기 보다는 오염물질이 더 이상 퍼지지 않도록 해야 합니다. 그렇게 해서 주민이 당하는 피해를 최대한 줄여야 합니다.

셋째, 공해로 인한 피해는 전혀 예측할 수 없습니다. 그러므로 공장에서는 물건을 생산하는 과정에서 발생할 수 있는 위험 요소를 미리 검사하여 항상 조심하는 자세로 생활해야 합니다. 그렇게 한다면 공해의 피해를 예방할 수도 있을 것입니다.

아시오 광독 사건

아시오 광독 사건도 역시 일본 공해에 큰 영향을 끼친 사건입니다.

이 사건은 1876년 일본의 명치시대 중반까지 거슬러 올라갑니다.

이 시대에는 경제 정치의 개혁으로 석탄생산이 증가하게 되었습니다. 이에 따라 이제까지 눈에 띄지 않던 아시오 광산의 광독이 강으로 흘러들어갔습니다.

이 광독은 광물을 캐낼 때 생기는 영향력이 큰 독성으로 농민과 어민에게 심한 피해를 입혔습니다.

눈에 보이는 피해상황은 주로 붕어•장어를 비롯한 어류의 떼죽음과 주변 주민들의 피부병, 아황산가스로 인한 삼림의 황폐였습니다.

인근 주변의 농민들은 다나카마오조오를 중심으로 격렬하게 항의하였습니다. 그러나 일본 정부에서는 나라를 잘 살게 하기 위한 정책이라고 하여 그들을 달랬습니다.

작업은 계속 진행되었고 1973년에 이르러서야 아시오 광산은 폐광이 되었습니다.

그러나 광석에 포함되어 있는 금속을 뽑아서 다시 만드는 제련 작업은 계속되어 지금도 그 피해는 계속되고 있습니다.

체르노빌의 대참사

체르노빌 사고는 2차대전 이후 최대 최악의 원자력 발전의 사고였습니다.

체르노빌 참사는 사고 직후 31명의 생명을 앗아갔습니다. 일본의 히로시마와 나가사끼의 피폭을 뺀다면 원자력 사상 가장 큰 사고인 셈입니다.

체르노빌 참사는 어떻게 일어났을까요? 함께 알아봅시다.

이 사고는 1986년 4월 26일 새벽, 실험을 하던 과정에서 일어났습니다.

설계상의 잘못과 운전자의 실수가 겹쳐서 이런 불행이 일어났다고 합니다.

문제가 되었던 원자로는 RBMK - 1000이라는 소련 기계로 15대가 가동되는 중이었습니다. 이 원자로는 높은 열을 식히기 위해 냉각수를 쉬지않고 흘려 넣어야 합니다. 그렇지 않으면 핵반응이 건잡을 수 없을 정도로 일어나는 특성을 가지고 있었습니다. 따라서 냉각수 펌프에는 전기가 끊어졌을 때를 대비하기 위해 발전기가 붙어 있었습니다. 이 기계를 가동하기 위해서는 50초의 시간이 필요합니다. 이 시간 간격을 소홀히 했기에 생긴 비극입니다.

이 사고로 원자력 발전소에서 30킬로 이내의 13만 5천명(우크라이나와 백러시아)중 2만 4천 명 정도는 방사능에 노출되었습니다.

방사능 전문가들은 앞으로 20년 안에 100~200명 가량의 주민이 암으로 사망할 것이라고 예상하였습니다.

소련의 국민들은 체르노빌 사건으로 커다란 핵공포증에 싸였고 체르노빌에서 가까운 러시아에서는 기형동물과 식물이 발생하였습니다.

방사능은 낮은 농도일지라도 오랜 기간에 걸쳐서 각종 병으로 사망자를 냅니다. 이 물질이 몸에 흡수되면 백혈병,갑상선암, 식도암, 위암 등에 걸리게 됩니다. 왜냐하면 방사능 물질에는 몸에 해롭고 면역을 떨어뜨리는 알파(α)•베타(β)•감마(γ)등의 방사선이 있기 때문입니다.

방사능에 의해 직접적으로 당하는 피해는 언제 어떤 경로를 거치게 될까요?

방사능을 띤 구름이 머리 위에 있을 때.

구름 속의 방사능 물질을 흡입할 때.

땅 위나 건물에 내려앉은 방사선 물질.

방사능에 오염된 식품을 섭취할 때.

특히 한창 성장하는 사람은 성장을 마친 사람보다 방사능에 민감합니다. 같은 방사능에 노출되어도 갓 태어난 아기들은 어른보다 암에 걸릴 확률이 300배 달합니다.

체르노빌의 대참사

또한 방사능은 유전이 되어 계속 후손에게 전달되기 때문에 핵폭발은 결코 있어서는 안되겠습니다. 만약 폭발이 있다면 방사능에 노출되지 않도록 해야 합니다.

온산지역의 공해병

우리 나라가 일으킨 경제는 눈부실만큼 성장하였습니

다.

눈부신 경제성장의 이면에는 무엇이 있는지 어떤 문제가 있는지 생각해 본 적이 있습니까?

우리 나라는 1970년대에 들어서면서 수출을 목표로 하는 중화학 공업을 일으키려고 하였습니다. 왜냐하면 선진국이 수입을 제한하여 경공업 제품의 수출이 어려워지게 되었기 때문입니다. 그렇게 해서 석유화학 • 철강 • 전자 • 기계 • 자동차 공업에 집중적으로 투자를 시작하게 된 것입니나. 이로 인하여 1975년부터 개발된 곳이 온산이며 공단의 형성으로 오염이 발생하게 된 것입니다.

온산지역 오염의 원인은 제련 • 가공하는 과정에서 생기는 중금속물질입니다. 또한 이런 제련 과정에서 씻어내는 세정수에 의해 독성의 중금속물질이 섞여서 흘러내리기도 하고 먼지 속의 중금속물질이 호흡을 통해 인체에 들어오는 과정에서 병이 생깁니다.

온산의 오염은 하나의 공장이 아닌 수많은 공장에 의한 것이므로 위험이 더욱 크다고 할 수 있습니다.

온산병으로 나타나는 현상은 어떠한 것일까요?

농어촌에서 흔히 볼 수 있는 노년기의 신경통 증세와는 달리 10대 어린이부터 어른까지 다양하게 신경통 증세를

보입니다.

온산공단 근처의 지역에서 발생한 이 집단 괴질은 온산에서 발생하였다고 하여 온산병이라는 이름으로 문제가 되고 있습니다.

일본에서 미나마타 병을 밝히는 것에 커다란 공헌을 했던 일본의 연구팀은 온산병을 조사하였습니다. 그리고 예전에 있었던 공해병과는 전혀 다른 질병으로 온산병이 중금속물질과 밀접한 관련이 있다고 결론을 내렸습니다.

온산병의 확대를 막기 위해서는 오랜 기간에 걸친 실험

과 검사가 이루어져야 합니다. 또한 온산 근처에서의 해산물 채취를 금지해야 합니다.

공해로 인한 그 주변지역의 피해로는 어떤 것이 있을까요?

농작물의 피해 • 양식업의 피해 • 농토와 어장의 황폐화 • 수산자원의 상실 • 주민 건강의 쇠약 등의 피해가 나타납니다.

이런 피해로 공단 주변은 더 이상 사람이 살 수 없는 죽은 땅이 되어갑니다. 주민들 또한 집단적으로 고향을 떠나는 안타까운 일들이 벌어지기도 합니다.

피해 주민 9,100여 가구 중에 8,000여 가구가 고향을 떠나는 것을 희망하고 있는 상태입니다.

온산은 공단의 건설로 주위 환경이 황폐해졌고 그러면서 주민들은 집단적으로 고향을 떠나는 새로운 이농현상이 나타났습니다.

주민들이 고향을 떠난 후에도 공단은 아무 일 없었다는 듯이 계속 오염물질을 흘려보내고 있습니다. 그리고 공장을 넓힘으로써 오염이 더욱 심각해지고 있는데도 남아있는 주민들은 계속해서 해산물을 채취하고 있기 때문에 온산병이 더욱 심해지는 것입니다.

인도 보팔 참사

1984년 12월 3일 인도의 보팔시에는 '유니언 카바이드'라는 농약공장에서 독가스가 흘러내린 사고가 있었습니다. 1시간가량 흘러내린 이 독가스는 때마침 불어온 바람을 타고 인구밀집 지역을 덮치면서 구석구석 스며들었습니다. 이 사고로 인도에서는 5,500여 명이 사망하였고 10만 명의 환자가 발생하였습니다.

사상 최악의 사고 중 하나인 보팔 참사는 화학공해의 새로운 모습입니다.

이런 사고는 유독물질을 생산하는 화학공장이 많아지고 또 한곳에 집중하면서 더 많은 피해를 가져옵니다.

주로 환경오염에 대한 지식이나 관심이 없는 우리 나라를 비롯한 신흥공업국과 후진농업국 등에서 많이 발생합니다.

경제적으로 낙후된 인도에서 이런 대형 사고가 일어나게 된 원인은 어디에 있을까요? 이제부터 그 공장의 설립 배경과 사고 경위를 알아보도록 하겠습니다.

선진국에서는 인체에 해로운 공해 물질을 배출하는 공장에 심한 규제를 합니다. 주민들이 공해 위험성을 인식

하고 민감한 반응을 보이기 때문입니다.

주민들의 반공해 운동은 기업으로 하여금 안전시설과 공해방지를 위해 막대한 돈을 들이게 합니다.

기업들은 기업들대로 많은 이익을 남기고 돈을 들이지 않으려고 값싼 노동력과 규제가 심하지 않은 가난한 나라에 그들의 공장을 짓습니다.

한편 후진국들은 빈곤을 물리치기 위해 공해의 위험성에도 불구하고 아무 제한 없이 적극적으로 외국 기업을 끌어들입니다. 그렇게 해서 화학 • 비료 • 제련 • 철강 산업들이 후진국으로 넘어올 수 있게 되었습니다.

이들 후진국들은 환경오염에 대한 지식도 안전시설도 모르기 때문에 많은 위험부담을 안은 채 공장을 건설합니다.

이런 배경으로 설립된 '유니언 카바이드' 공장은 선진국의 이기적인 생각으로 건설된 공장 중에 하나였습니다.

이 공장에는 3개의 유독가스 저장 탱크가 있었습니다. 폭발이 일어난 탱크는 그 중 하나였습니다. 그 곳에는 약 70% 정도의 유독가스가 채워져 있었습니다.

사건이 발생하기 전날인 12월 2일, 탱크의 기압이 갑자기 상승하였습니다. 시간이 조금 지나자 유독가스가 새어

나왔고, 공장의 대기 속에도 유독가스가 포함되었음이 발견되었습니다.

12월 3일이 되자 탱크의 기압은 더욱 상승하여 최고의 한계까지 이르렀습니다. 결국 탱크에서 열이 뿜어 나오고 안전밸브가 터지게 되었습니다. 탱크를 둘러싼 콘크리트 벽도 무너졌고 기계의 작동도 멈추었습니다.

이렇게 시작된 보팔 사고는 매우 심각하게 나타났습니다.

가스에 노출된 20만 명 가운데 절반 이상의 사람이 몸에 이상한 증세를 보였습니다.

사고 당시에는 노출 부분인 눈과 폐에 주로 나타났습니다. 그러나 시일이 지날수록 예상을 초월한 다양한 증세가 몸의 다른 부분까지 퍼져갔습니다.

주민들의 보편적인 증상으로는 호흡곤란과 천식증세 등 폐와 관련된 호흡기 질환이었습니다. 이것이 심해진 환자들은 폐장애로 죽어갔고, 이외에도 장기관의 손상, 구토, 독감증세, 시각장애 등의 증상도 보였습니다. 또 대부분의 환자들은 우울증과 불면증을 호소하기도 하였습니다.

이런 후유증이 계속 나타나는 것은 치료방법이 적절하

지 못했기 때문입니다.

이 유독가스는 인간뿐만 아니라 동물•식물 등 보팔시의 생태계에도 커다란 상처를 입혔습니다.

동물의 경우 1,047마리의 가축이 떼죽음을 당하였고, 7,000마리 이상이 치료를 받았으나 그 후유증은 인간과 다를 바가 없었습니다.

식물들도 역시 잎이 말라붙어서 보팔시 생태계의 재생은 당분간 불가능할 것이라는 연구 결과입니다.

보팔시의 참사는 나 혼자만 잘 살아보겠다는 선진국의 단순하고 이기적인 생각으로 빚어진 재앙입니다.

지구는 하나뿐인데 나 혼자만 깨끗하고 좋은 환경에서 잘 살 수 있다는 생각이 가능하다고 생각하세요? 그런 생각을 가졌었다면 이제는 돌이켜 올바른 생각을 해야 할 때입니다. 모두 함께 머리를 싸매고 연구해야만 환경오염으로부터 우리 자신들을 지킬 수 있습니다.

숨쉬고 싶은 지구

(난지 쓰레기 매립지의 화려한 변신)

난지도의 변신: 서울 시청에서 서쪽으로 약 10㎞ 지점에 있으며, 경기도 고양시와 접한다. 한강의 북안에 치우쳐 있고 자연제방은 도로(강변대로)로 개수되어 있다. 매년 여름철이면 홍수의 피해가 많았던 곳이나, 1977년 제방을 쌓은 후부터 1993년까지 서울의 쓰레기 매립장으로 이용되었다. 서울의 인구와 소비수준의 증가로 쓰레기가 폭발적으로 증가하면서 1993년까지 매립된 쓰레기 양은 1.75㎢ 부지에 9,100만t (8.5t 트럭 1,300만 대 분), 매립된 쓰레기의 평균 높이는 90m에 달했다. 쓰레기 반입량이 늘어나자 더 이상 매립을 할 수 없는 지경에 이르러, 결국1992년 11월 일반 생활쓰레기 반입을 중지하고, 1993년 3월에는 매립장을 완전히 폐쇄했다. 난지도에서 처리하던 서울 시내 쓰레기는 1992년 김포군 검단면 20.7㎢ 부지에 새로 조성한 김포매립지에서 처리하게 되었다.

생활쓰레기 매립을 중단한 이후부터 서울시는 난지도 매립장을 각종 체육시설과 편의시설을 갖춘 시민공원으로 조성했다. 1995년 말까지 토양을 안정시킨 후 공사에 들어가 2001년 12월 월드 컵 주 경기장을 완공했고, 2002년 5월 1일 월드 컵 공원을 개장했다. 월드 컵 공원은 풀밭인 하늘공원, 월드 컵 주 경기장 바로 앞의 평화의 공원, 한강변의 난지한강공원, 난지천공원 등 4개의 크고 작은 공원들로 이루어져 있다. 이외에도 지하철 10호선 노선이 부천에서 출발, 한강의 행주대교 상류를 건너 이곳 난지도를 경유하여 세검정 충무로 구리시까지 연결될 것으로 확정되었으며, 도심지 또는 지하에서 분출하는 메탄가스 등을 이용하여 발전용량 1일 약 5만kW 의 가스 발전소도 건설할 계획이다

환경보호 대책

우리가 지금까지 살아온 생활을 그대로 계속한다면 죽어가는 환경을 다시는 살릴 수 없습니다.

환경의 파괴는 인류의 파멸이오, 나 자신의 불행이라는 생각을 항상 해야 합니다.

내가 하는 일, 내가 쓰는 물건이 생태계에 어떤 영향을 미치는지 생각해 본 적이 있습니까?

생태계의 생물은 우리에게 없어서는 안 되는 존재이며 우리의 생활에 꼭 필요한 것입니다.

우리는 새로운 것만을 찾는 습관, 편리함만을 좇으려는 생각에서 벗어나야 합니다. 크고 복잡한 것보다 작고 단순한 것을 사용하여야 합니다.

조그마한 것을 아끼는 마음이 바로 환경을 살리는 지름길입니다.

그렇다면 우리 가정에서 실천할 수 있는 일에는 무엇이 있을까요?

오늘의 편리성만을 찾다보면 내일의 불행을 감당하기 힘들게 됩니다.

가정에서 쓰고 있는 합성세제는 환경오염의 주범입니다.

합성세제를 이루는 성분은 분해되는 데에 8일 동안의 시간이 걸립니다. 그러나 우리 나라 상하수도 시설은 24시간인 하루만에 저수지로 흘러들기 때문에 그 성분이 분해되지 않아 그대로 물을 오염시킵니다. 이 분해되지 않은 합성세제 성분은 특히 사람 몸의 면역성을 감소시키고 위장장애, 피부염 등을 일으킵니다.

환경을 오염시키고 파괴시킬 우려가 있는 제품들은 이웃에게 사용하지 않도록 권유해야 합니다.

쓰레기의 경우는 타는 것과 타지 않는 것, 재활용 가능한 것과 그렇지 않은 것으로 나누어서 버리도록 해야 합니다.

그러면 거리에서 주의해야 할 점은 무엇일까요?

가까운 거리는 걸어서 다닙니다. 또한 차를 타야할 경우는 전철이나 버스 등의 대중교통 수단을 이용합니다.

좁은 길에서 자가용을 타서 다른 사람들에게 피해를 주는 일은 삼가해야 합니다.

거리에서 담배꽁초를 보면 즉시 주워서 쓰레기통에 버립니다.

휴지와 씹고 난 껌은 함부로 버리지 않도록 하여 나 자신부터 거리를 깨끗이 하도록 합니다.

종이는 양면을 사용하여 쓰레기 발생을 줄여야 합니다. 종이는 산의 나무를 베어내어 만드는 것입니다. 폐•휴지나 종이 제품은 따로 모아서 재활용하고, 항상 절약하는 습관을 기릅니다.

학용품은 필요한 만큼만 사고 간식은 어머니가 직접 만들어주신 음식을 먹도록 합니다. 그럼으로써 지나친 쓰레기의 양을 줄이도록 노력해야겠습니다.

산과 들에서 지켜야 할 점도 있습니다.

산에서 음식을 만들어 먹는 행위는 삼가해야 합니다. 음식 냄새와 찌꺼기가 산을 더럽히기 때문입니다.

전문 등산가가 아니라면 굳이 항상 산의 정상까지 올라가야 한다는 생각을 바꿔야 합니다.

등산을 즐기면서 자연에 대해 감사하는 태도로 산을 찾도록 합시다. 텐트는 지정된 장소에서만 치도록 하며 다른 등산객들에게 불편을 주어서는 안 됩니다.

자연에 대한 주제로 동요나 노래를 부르고 배움으로써 환경에 대한 소중함을 갖고 자연을 보호하는 마음을 지녀야겠습니다.

쓰레기 줄이기

우리 나라가 국민 한 사람이 하루 2.17㎏의 생활 쓰레기를 버린다는 사실을 알고 있습니까?

이런 생활 쓰레기는 환경오염에 큰 영향을 미칩니다. 쓰레기를 올바로 버리면 환경보호에 큰 도움이 됩니다. 그렇게 하기 위해서는 쓰레기 분리수거가 매우 중요합니다. 이것은 땅과 물을 보호하는 자연보호 운동의 하나이기도 합니다.

쓰레기 수거는 각 동사무소에서 지정한 날짜에 맞추어서 실행합니다.

쓰레기를 종류별로 분리하고 포장하여 대문 밖에 내놓으면 수거하게 됩니다. 그러나 분리포장이 되어 있지 않으면 쓰레기를 수거하지 않습니다.

재활용이 가능한 종류를 알아봅시다.

종이류 : 신문, 헌책, 달력, 우유팩, 종이, 쇼핑 백, 종이상자, 나무상자 등.

빈병류 : 술병, 음료수병, 쥬스병, 화장품병, 드링크병, 깨진 유리 등.

금속류 : 가전제품, 철제의자, 스텐, 양은, 구리, 함석,

알루미늄 등.

캔 류 : 음료수캔, 맥주캔, 알루미늄캔, 통조림캔 등.

플라스틱류 : 간장통, 식용유통, 샴푸통, 요구르트병, 장난감, 세제용기, 비닐장판, 식품봉지, 펫트병 등.

쓰레기는 버리기 전에 반드시 재활용품을 분리해야 합니다. 또한 재활용품은 비닐을 사용하지 않고서 대문 밖에 내놓습니다.

음식도 먹을 만큼 덜어먹고 남기지 않도록 합니다. 이를 실천하기 위해서는 식단을 알맞게 짜고 더 먹고 싶은 것은 그 때마다 덜어 먹는 습관을 기릅니다. 음식점에서 먹다 남긴 음식은 집에 가져와서 먹는 절약운동도 스스로가 지켜 나가야 합니다.

또한 건전지의 경우 사용을 줄이고 충전식 건전지를 사용하도록 합니다. 건전지의 사용량이 엄청난 것에 비해 건전지로 인한 환경피해는 잘 알려지지 않은 것 같습니다.

건전지는 독성이 강해서 다른 쓰레기에 비해 무척 위험합니다. 그러므로 수명이 다 된 건전지는 따로 분류하여 수거하도록 해야 합니다.

쓰레기의 분리수거가 반드시 필요한 것은 바다오염을 막기 위해서입니다.

바다오염의 가장 큰 문제는 썩지 않는 플라스틱과 비닐 제품입니다.

바다오염을 막기 위해서는 수시로 해변청소를 벌여야 하는 번거로움이 있습니다. 개인적으로 바다오염을 막기는 어렵습니다. 하지만 쓰레기 분리수거를 통한 개개인의 노력과 마음이 중요한 것입니다.

우리의 눈에 가장 많이 띄고 흔한 종이는 재생의 가능성이 무척 많습니다.

미국의 경우 종이 사용량이 1년에 5억톤이라고 하는데, 약 8억 5천만 그루의 나무가 없어진다는 계산이 나옵니다.

우리 나라의 경우도 종이 사용이 계속 엄청나게 늘어가고 있습니다. 우리 나라는 자원이 부족하기 때문에 문제가 더욱 심각합니다.

우리가 매일 보는 신문지는 휴지통에 버리지 말고, 모아두었다가 재활용할 수 있도록 합니다.

생산할 때 비용이 많이 드는 유리와 알루미늄캔도 재활용해야 합니다. 양철캔은 99%가 철이 들어 있습니다. 이외에도 플라스틱병, 전화전호부 책도 모두 재활용할 수 있는 것들입니다.

식용유를 버릴 때는 반드시 휴지나 행주 등으로 기름을 닦아낸 후 물에 씻어내야 합니다. 물과 기름은 서로 밀어내는 성질이 있어서 물을 오염시키기 때문입니다.

한편 식용유 버리는 것을 모아서 직접 비누를 만들어 쓰는 알뜰한 방법도 가능합니다.

아껴쓰는 습관과 다른 사람을 위하는 마음이 바로 환경

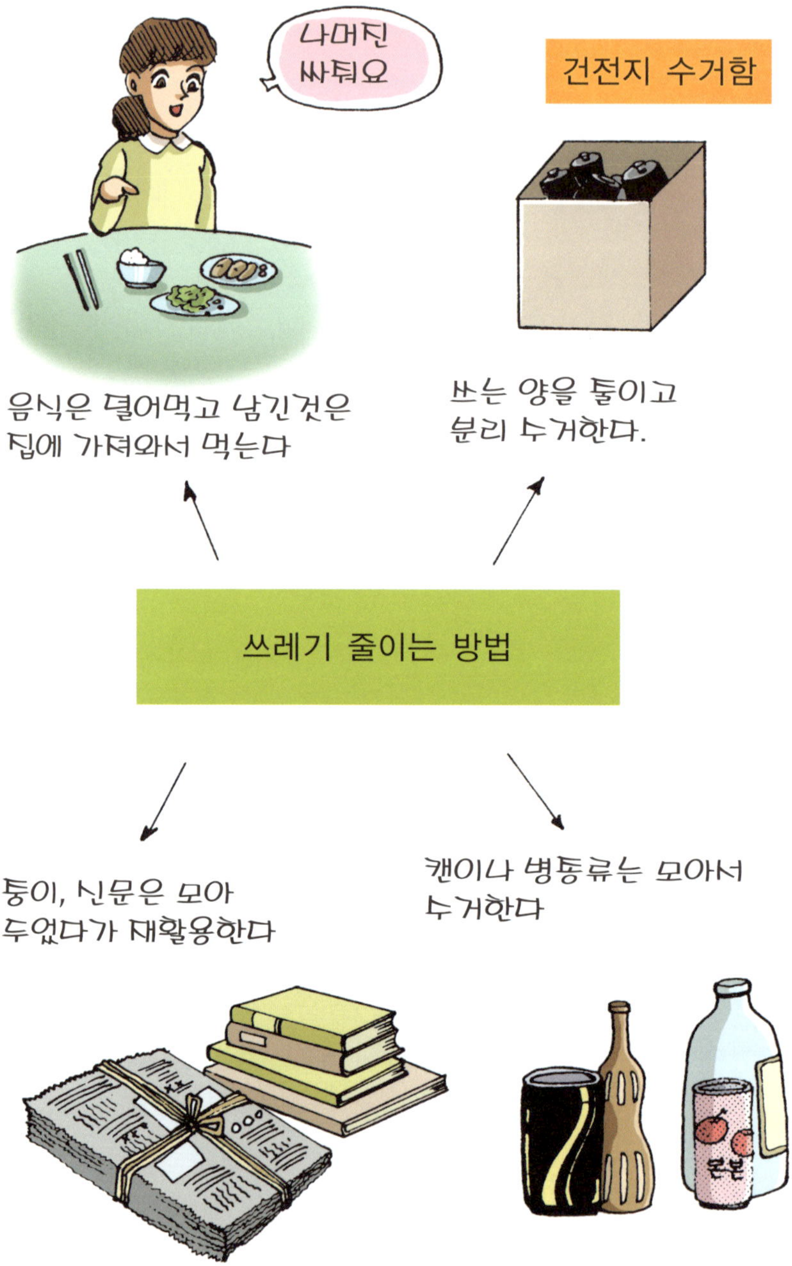
나머진
싸줘요
건전지 수거함
음식은 덜어먹고 남긴것은
집에 가져와서 먹는다
쓰는 양을 줄이고
분리 수거한다.
쓰레기 줄이는 방법
종이, 신문은 모아
두었다가 재활용한다
캔이나 병종류는 모아서
수거한다

을 보호하는 마음입니다.

일회용품 사용 금지

여러분은 일회용•즉석식품을 좋아하나요? 편리하다고 마구 사용하지는 않나요?

요즘은 국립공원이나 유명한 산에서의 취사행위가 금지되었습니다. 그로 인하여 취사행위가 눈에 띄게 줄었습니다. 하지만 산모퉁이 곳곳에서 규칙을 어기는 등산객이 있는가 하면 라면, 국수, 어묵 등의 즉석 식품으로 환경 질서를 어지럽히고 있습니다.

쓰레기를 줄이고 환경을 보호하자는 좋은 뜻에서 취사를 금지한 것이었는데 즉석식품의 등장으로 새로운 쓰레기 공해가 등장한 것입니다.

어떤 곳에서는 이런 식품을 팔기 위해서 잡상인들이 많이 몰려든다고 합니다. 이들 때문에 밀려오는 관광객들과 더불어 혼잡을 빚고 음식값도 터무니 없이 비싸게 받고 있습니다.

노점상 주변에는 쓰레기 웅덩이가 깊게 파여 있습니다.

이런 웅덩이에는 각종 쓰레기와 벌레들이 들끓어 보기에도 끔찍할 정도입니다.

또한 즉석식품의 용기가 일회용이기 때문에 쓰레기양도 엄청나게 불어나 더욱 심각한 문제가 되고 있습니다. 즉석식품의 용기는 주로 썩지않는 플라스틱이나 스티로폴 그릇입니다.

스티로폴 제품은 부서질 때 프레온 가스를 공중에 내놓고 분해도 되지 않아서 쓰레기 공해에 결정적인 역할을 합니다.

우리가 사용하는 일회용품은 음식물 용기뿐만이 아닙니다. 칫솔 • 종이물수건 • 종이컵 • 종이기저귀 등 여러 가지입니다.

우리 나라는 전국적으로 일회용품 사용량이 점점 증가하고 있습니다.

일회용품은 한 번 쓰고 버리는 편리성과 값이 싼 이유로 많은 사람들이 사용합니다. 그러나 편리하다는 이유로 많이 사용하다 보면 쓰레기가 증가하고, 값이 싸다고는 하지만 자꾸 사용하다보면 많은 돈이 낭비됩니다.

특히 일회용 기저귀는 1년에 수 천만개씩 사용된다고 합니다. 가뜩이나 쓰레기 처리에 고심하는 형편에 이런 일회용 기저귀의 사용 증가는 쓰레기 문제를 더욱 심각하게 합니다.

일회용 기저귀는 쓰레기장에 묻히게 되면 지하수에도 영향을 미칩니다.

기저귀에는 표백성분이 있는데, 이 표백성분에는 암을 유발하는 발암물질이 있기 때문입니다. 또 기저귀는 그 자체에 공기가 통하지 않아 아기의 피부에 해롭습니다.

이렇게 일회용품은 인간에게 해로운 점을 더 많이 가지고 있습니다. 그러므로 일회용품은 조금씩 줄여나가야 합니다.

일회용품 그것은 생활에 편리할 뿐 반드시 필요한 것은 아닙니다.

미국의 경우는 어떨까요?

우리 나라보다 훨씬 심각합니다.

미국에서 사용하는 일회용 식기와 수저를 쓰지않고 3년간 절약하면 굶어 죽어가는 아프리카 인구의 1년분 식량을 마련할 수 있다고 합니다. 별것 아닌 것처럼 생각되지만 굉장한 것입니다.

우리의 작은 실천이 정말 이루어져야 할 때입니다.

여러분의 도시락은 혹시 일회용이 아닐까요? 반찬통은

요?

알루미늄 호일이나 플라스틱 랩을 사용해서 음식물을 담는 일은 삼가야 합니다. 호일이나 랩 대신에 뚜껑이 있는 작은 병이나 반찬통을 사용하고 표백제가 사용된 종이 타월보다는 행주를 이용하여 환경오염을 조금이라도 줄여보도록 합니다.

중요한 것은 일회용품을 줄이는 것입니다.

당장에 쓰기 편하다고 일회용품을 선택하는 생활습관을 버려야 합니다.

세계 곳곳에서 걱정거리로 등장한 일회용품은 쓰레기 공해, 수질오염, 대기오염 등을 더욱 부추길 뿐입니다.

일회용을 좋아하는 것은 우리의 아름다운 자연환경을 일회용으로 취급하는 것이나 다를 바가 없습니다.

조상들에게서 물려받은 깨끗한 자연환경을 지켜야 합니다.

그리고 우리의 자손들에게 깨끗한 것들을 물려줄 의무가 있습니다. 스스로의 반성을 통하여 소비 절약 • 에너지 절약을 해야 합니다.

합성세제 덜쓰기

합성세제 덜쓰기도 매우 중요한 환경보호예방책입니다. 합성세제의 탄생은 언제일까요?

1차 세계대전 중 독일은 비누의 원료인 소와 고래기름을 공급받지 못하고 있었습니다. 그러자 그것을 대신하기 위하여 합성세제를 개발하게 된 것입니다.

더욱이 기름은 폭탄의 원료로 쓰여졌기 때문에 석유로 합성세제를 만든 것입니다. 이것이 오늘날 수질오염의 주범인 합성세제입니다.

석유로부터는 합성수지 • 합성섬유 • 합성고무 등 수십가지의 화학 재료를 공급받고 있습니다. 이로부터 합성화학공업이 인간이 생활하는 곳이라면 어디든지 깊숙이 자리잡게 된 것입니다.

화학공업의 발전은 생활의 편리성이라는 장점과 더불어 자원의 고갈과 공해라는 문제점도 가지고 있습니다.

우리는 지금 공해를 추방하기 위한 운동을 하고 있습니다. 그것을 실천하기 위해서는 합성세제를 지나칠 수 없습니다.

합성세제의 종류는 식기세제 • 세탁세제 • 샴푸 • 린스 등으로, 이런 것들을 사용하는 것을 조금씩 줄여나가야 합니다.

여러분은 머리를 감을 때 샴푸와 린스를 많이 사용하죠? 샴푸와 린스를 많이 사용하게 되면 머리털이 빠지거나 가늘어진다는 것을 알고 있습니까?

샴푸에는 인체에 유해한 화학 성분의 독성이 들어 있습니다. 또 샴푸의 거품으로 수질을 오염시키기도 합니다. 그래서 요즘은 덜쓰기에서 안쓰기 운동으로 넓혀가기도

합니다.

강에 남아 있는 오염성분의 반 이상은 합성세제 때문입니다.

합성세제 속에는 인산염이라는 성분이 있습니다. 이 인산염은 강의 물풀을 죽이고 물고기도 살 수 없게 만듭니다.

이런 안타까운 일들을 막기 위해 우리는 어떻게 해야 할까요?

먼저 주방에서 사용하고 있는 식기용 세척제를 사용하지 않도록 합니다. 세척제 대신 밀가루를 이용해서 설거지를 하면 깨끗하게 씻겨져 세탁세제보다 더 좋은 효과를 냅니다.

샴푸와 린스 대신 세탁비누와 식초를 사용합니다. 머리털도 덜 빠지고, 식초로 인해 머릿결도 한결 부드러워집니다.

깨끗한 환경을 위해서는 근본적인 생각과 생활의 변화가 있어야 합니다.

당장 편한 것만 찾는 생활습관을 고치고 천연세제 등 환경오염에 영향을 미치지 않는 상품을 선택해서 사용하도록 힘써야 합니다. 또한 우리의 생활에 필요한 물건을 내

손으로 직접 만들어 보도록 합시다.

환경교육

사람이 건강하게 살아가기 위해서는 훼손되지 않은 자연환경이 반드시 필요합니다.

자연은 우리에게 무엇을 해 주기를 원하지 않습니다. 묵묵히 우리에게 필요한 혜택을 베풀 뿐입니다. 그러나 20세기에 들어와서 일어난 여러 가지 환경오염의 불행한 사태들은 그러한 자연을 훼손시키고 파괴한 데에 따른 벌이라고 생각할 수 있습니다.

즉, 환경오염으로 인한 질병은 인간에게 얼마만큼 쾌적한 자연환경이 필요한가를 가르쳐주는 심각한 교훈인 것입니다.

환경파괴가 결국 스스로 자신을 해치게 된다고 사람들이 깨달은 이때는 조금 늦은감도 있습니다. 하지만 우리는 더 이상 자연이 파괴되지 않도록 하여 미래의 후손들이 마땅히 누려야 할 생활터전을 훼손시키지 말아야 합니다. 우리들의 생활방식이나 가치관의 방식을 반성하고 보다 나은 방향으로 고쳐나가야 합니다. 그러나 심각한 현실에 비하여 해결해 보려는 실천적인 노력이 너무나 보잘 것 없는 것이 우리의 현실입니다.

오늘날 심각하게 나타난 환경오염 문제는 작은 환경보호 집단의 깨우침만으로는 해결하기가 불가능합니다. 전 세계가 공동으로 참여해야만 가능한 일입니다.

부분적으로 눈가림하는 식의 노력이 아니라 해결의 실마리를 찾아서 다시 한번 쾌적한 환경으로 돌아올 수 있도록 함께 노력해야 합니다.

우리가 살아가고 있는 삶의 방식을 바꾸어야 하는 이 시점에서 교육이야말로 가장 위대한 자원입니다.

환경에 관한 교육, 환경을 위한 교육, 환경 안에 잇는 교육이 균형을 유지해야 합니다. 이를 위해서는 기초교육을 다시금 진단하고 보다 나은 방향으로 환경을 만들어야 할 것입니다.

도전 리틀과학자

숨 쉬고 싶은 지구

2015. 5. 4 인쇄
2015. 5. 7 발행

글 대한과학진흥회
그림 정 동 철
펴낸이 신 주 황
펴낸곳 스완미디어
등록 제2-4534호
주소 서울시 중구 만리동2가 12-33 태영빌딩
홈페이지 www.dollplaybooks.com
대표전화 02) 393-0026
팩스 02) 312-8349

ISBN 978-89-92565-79-0
ISBN 978-89-92565-70-7 (SET)

값 9,800원

C=O
NH2
CH3-CH2-CH2-CH3
Al(OH)3→Al2O3+3H2O
CH3-COOH
NO2
CN
CN
CH3C=O
NH2

C=O
NH2
CH3-CH2-CH2-CH3
CH3-COO
NO2
2Al(OH)3→Al2O3+3H2O
CN
CN
CH3C=O
NH2

C=O
NH2
CH3-CH2-CH2-CH3
CH3-COOH
NO2
Al(OH)3→Al2O3+3H2O
HN
N
R1
R2
CN
CN
CH3C=O
NH2
H
C
H
C
C
H
C
H

C=O
NH2
CH3-CH2-CH2-CH3
CH3-COO
NO2
2Al(OH)3→Al2O3+3H2O
HN
N
R1
R2
O
CN
CN
CH3C=O
NH2
H
C
C
H